本书获闽南师范大学教材建设立项资助

高级商务谈判案例教程

主　编　司延安
副主编　韩建林　　卢水林
　　　　欧阳发文　胡水清

中国纺织出版社有限公司

内 容 提 要

每一个成功的商业案例背后都离不开专业的谈判人才的支持，而专业的谈判人才的培养则离不开大量的谈判案例的实践训练。《高级商务谈判案例教程》包括海外项目承包谈判、融资租赁谈判、公司合资合作谈判、公司并购谈判、知识产权谈判、纠纷谈判、国际商品买卖谈判等内容。该书为相关专业的学生学习商务谈判提供了大量翔实的案例，巧妙地将谈判目标隐藏在了谈判背景、双方公司信息中，学生需要根据这些背景信息来确定具体的谈判目标，从而更加符合现实，更能锻炼学生在现实中独立确定谈判目标的能力，这一点有别于其他的谈判案例教材，实用性很强。

图书在版编目（CIP）数据

高级商务谈判案例教程 / 司延安主编 . -- 北京：中国纺织出版社有限公司，2023.11
ISBN 978-7-5229-1069-7

Ⅰ.①高⋯　Ⅱ.①司⋯　Ⅲ.①商务谈判－案例－教材　Ⅳ.① F715.4

中国国家版本馆 CIP 数据核字（2023）第 183760 号

责任编辑：向连英　　责任校对：王蕙莹　　责任印制：储志伟

中国纺织出版社有限公司出版发行
地址：北京市朝阳区百子湾东里 A407 号楼　邮政编码：100124
销售电话：010—67004422　传真：010—87155801
http://www.c-textilep.com
中国纺织出版社天猫旗舰店
官方微博 http://weibo.com/2119887771
三河市宏盛印务有限公司印刷　　各地新华书店经销
2023 年 11 月第 1 版第 1 次印刷
开本：787×1092　1/16　印张：14.25
字数：240 千字　定价：88.00 元

凡购本书，如有缺页、倒页、脱页，由本社图书营销中心调换

序 言

无商不活，每一种商务活动都离不开商务谈判。那么，何谓商务谈判？

对商务谈判的理解，可谓仁者见仁，智者见智。但是，不可否认的是，如果想要准确理解商务谈判，就必须回答以下几个问题，比如谁在谈判、为什么要谈判、谈判的目的是什么、如何谈判。

第一个问题比较容易回答，如果是商品的买卖谈判，那么买家和卖家就扮演了谈判的主角，大多数商务谈判都属于这种类型。那么，如何回答第二个问题？自然是因为谈判的双方有共同的利益，如果没有共同的利益，谈判也无从谈起。谈判的目的是什么？很多人都觉得是达成一份协议，有的人还给这份协议添加了一个修饰词，即令双方满意的协议。然而，在现实生活中，并非每一份协议都令双方满意，有时候签订这份协议纯属无奈之举，达成一份令双方满意的协议是谈判的美好方向。除了达成协议，让对方觉得赢得了谈判也至关重要。如果对方在谈判完毕之后感到很沮丧，下次合作的可能性会大大降低。最后一个问题：如何谈判才能达到己方的目的？是采用温和的风格，还是强硬的风格；是柔中带刚，还是刚柔并济呢？其实，任何方法都可以，只要能达成谈判的目标。所以，商务谈判是什么？商务谈判是买方和卖方为了共同的利益，可以采用任何方式达成最终的协议，并让对方觉得自己是赢家。

商务谈判的核心能力是沟通能力，这里的沟通能力不是传统意义的沟通能力，它由沟通技巧、情商、逆商、语言、财务、文化六个部分构成，六个部分有机融合，形成有效的沟通能力。沟通能力和专业知识相结合，构建了以内贸和外贸为主的普通商务谈判人才、中端商务谈判人才和高端商务谈判人才。这些人才的核心是沟通能力，所以，具备这些知识的人才不仅能够在谈判桌上一展身手，即使在日常生活和工作中与家人、朋友、同事和上司交流时也能得心应手。

《高级商务谈判案例教程》是初中级谈判案例教材的升级版，本书仍然从案例的角度入手，丰富学生的谈判案例，从更高的维度提供了真实商务谈判中存在的案例。这些案例在编写的时候，考虑到在现实的谈判中，所有的谈判目标都需要谈判人员根据现实情况独立去制定。鉴于这一情况，本书并没有在谈判目标板块中给出具体的谈判目标。同时也考虑到，如果本书给出了具体的谈判目标，那么，学生有可能不会主动思考谈判目标制定的原因，机械地为了目标而谈判，让谈判失去了灵魂。因此，本书巧妙地将谈判目标隐藏在了谈判背景、双方公司信息中，学生需要根据这些背景信息来确定具体的谈判目标，从而更加符合现实，更能锻炼学生在现实中能够独立确定谈判目标，这一点有别于其他的谈判案例教材。本书包括海外项目承包谈判案例、融资租赁谈判案例、公司合资合作谈判案例、公司并购谈判案例、知识产权谈判案例、纠纷谈判案例、国际商品买卖谈判案例等。本书为学生学习商务谈判提供了大量翔实的案例，能够有效提升学生在上述领域的谈判实战能力。

本书由司延安任主编，韩建林、卢水林、欧阳发文、胡水清任副主编，陈惠芬、崔哲、陈营会、高惠洪、古晓雪、梁子健、刘铭惠、蔡莹莹、黄洺洁、党殿宇、程皓参加编写。本书得到了司智林、任淑玲、司智龙的全力支持，在此表示衷心感谢。

由于编者水平有限，书中如有不足之处敬请读者批评指正，以便修订时改进。如读者在使用本书的过程中有意见或建议，恳请向编者提出。

编者

2023 年 5 月

目 录

第 1 部分　海外项目承包谈判案例 / 001

　　第 1 章　中埃公司关于太阳能发电的谈判 / 002

　　第 2 章　中巴公司关于风电承包的谈判 / 029

第 2 部分　融资租赁谈判案例 / 035

　　第 3 章　中美公司关于飞机的融资租赁谈判 / 036

　　第 4 章　中德公司关于核磁共振成像仪的融资租赁谈判 / 060

第 3 部分　公司合资合作谈判案例 / 067

　　第 5 章　中美公司关于公司合资的谈判 / 068

　　第 6 章　中美公司关于成立通信合资公司的谈判 / 083

第 4 部分　公司并购谈判案例 / 089

　　第 7 章　中德公司关于库卡的并购谈判 / 090

　　第 8 章　中瑞公司关于先正达的并购谈判 / 108

第 5 部分　知识产权谈判案例 / 117

　　第 9 章　中美公司关于音乐版权的谈判 / 118

　　第 10 章　中荷公司关于电视节目版权的谈判 / 124

第 6 部分　纠纷谈判案例　/　139

第 11 章　中科公司关于可可豆纠纷的谈判　/　140

第 12 章　中美公司关于大豆纠纷的谈判　/　156

第 7 部分　国际商品买卖谈判案例　/　167

第 13 章　中美公司关于稀土的谈判　/　168

附录　/　193

附录 1　中华人民共和国外商投资法　/　194

附录 2　国家工商行政管理局关于中外合资经营企业注册资本与投资总额比例的暂行规定　/　200

附录 3　埃及法律、法规及相关注意事项　/　202

附录 4　境外投资项目核准暂行管理办法　/　215

附录 5　关于境外投资开办企业核准事项的规定　/　220

第1部分
海外项目承包谈判案例

第 1 章　中埃公司关于太阳能发电的谈判

1.1　谈判背景

在全球化石能源日益枯竭的大背景下，可再生能源开发利用日益受到国际社会的重视，大力发展可再生能源已成为世界各国的共识。世界各国高度重视清洁能源的发展，光伏产业属于清洁能源，因而得到世界各国的政策支持。光伏发电不仅在欧美、日本等发达地区兴起，在中东、南美等地区也快速兴起。

光伏产业是半导体技术与新能源需求相结合而衍生的产业。这个产业涉及众多的公司，可以分为上游、中游和下游。上游公司从事多晶硅料、单晶硅棒、单晶硅片、多晶硅锭及多晶硅片的生产和制造，中游公司主要制造单晶硅电池组件、多晶硅电池组件、逆变器等，下游公司则是众多的工程总承包公司（EPC），它们的客户为光伏发电系统的业主们。光伏产业链的构成如图 1-1 所示。

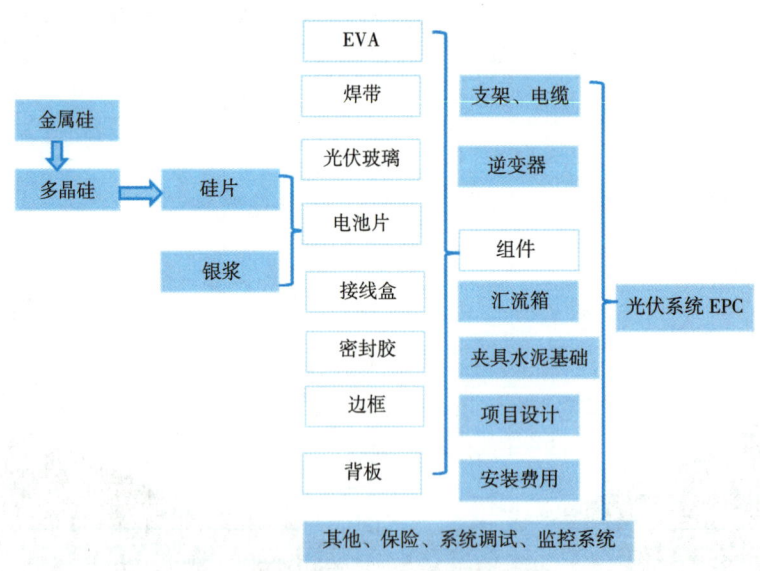

图 1-1　光伏产业链的构成

在光伏产业链中，重要的环节包括电池片、电池组件、逆变器、光伏玻璃和光伏系统EPC。在晶硅电池片方面，2020年，全国电池片产量约为134.8吉瓦，同比增长22.2%。其中，排名前五的企业产量占国内电池片总产量的53.2%，其中前四家企业产量均超过10吉瓦。在组件方面，2020年，全国组件产量达到124.6吉瓦，同比增长26.4%，以晶硅组件为主。其中，排名前五的企业产量占国内组件总产量的55.1%，其中前三家企业产量均超过10吉瓦。全球光伏电池组件出货量最高的五家公司分别是隆基绿能、天合光能、晶澳科技、晶科科技和阿特斯。在光伏逆变器方面，全球排前两名的公司是华为、阳光电源，2020年这两家公司的市场占有率分别达到23%和19%；第三名是德国的企业艾思玛（SMA），市场占有率为7%；第四名的市场占有率为5%，有三家企业，分别是中国的古瑞瓦特和锦浪科技以及西班牙的帕尔亿能电气（Power Electronics）。在光伏系统EPC方面，中国的企业中国电建、阳光电源名列第一和第二，排名第三和第四的分别是西班牙的普罗迪尔（Prodiel）和印度的斯特林和威尔逊（Sterling and Wilson）。

并不是所有的光能都可以100%转换成电能，光伏发电的光电转换效率非常重要，它和光伏电池片有着直接的联系。目前，不同电池片的转换效率并不相同，具体情况如表1-1所示。

表1-1 2020—2030年各种电池技术平均转换效率变化趋势

电池分类	具体名称	2020年	2021年	2023年	2025年	2027年	2030年
P型多晶	BSFP型多晶黑硅电池	19.4%	19.5%	19.5%			
	PERCP型多晶黑硅电池	20.8%	21.1%	21.4%	21.7%	22.0%	22.5%
	PERCP型铸锭单晶电池	22.3%	22.6%	23.0%	23.3%	23.5%	23.7%
P型单晶	PERCP型单晶电池	22.8%	23.1%	23.4%	23.7%	23.9%	24.1%
N型单晶	TOPCon单晶电池	23.5%	24.0%	24.5%	25.0%	25.3%	25.7%
	HJT异质结电池	23.8%	24.2%	24.8%	25.2%	25.5%	25.9%
	IBC背接触电池	23.6%	24.0%	24.5%	25.0%	25.4%	25.8%

注 背接触N型单晶电池目前处于中试阶段。

从表1-1中可以看出：在产品效率方面，2020年，规模化生产的P型单晶电池均采用PERC技术，平均转换效率达到22.8%，较2019年提高0.5个百分点；采用 PERC 技术的多晶黑硅电池片转换效率达到 20.8%，较 2019 年提高 0.3 个百分点；常规多晶黑硅电池效率提升动力不强，2020 年转换效率约为 19.4%，较 2019 年仅提升 0.1 个百分点，未来效率提升空间有限；铸锭单晶 PERC 电池平均转换效率为 22.3%，较单晶 PERC 电池低 0.5 个百分点；N 型 TOPCon 电池平均转换效率达到 23.5%，异质结电池平均转换效率达到 23.8%，两者较 2019 年均有较大提升。2020 年，单晶硅片（P 型 +N 型）市场占比约为 90.2%，其中 P 型单晶硅片市场占比由 2019 年的 60% 增长到 86.9%，N 型单晶硅片约为 3.3%。随着下游对单晶产品的需求增加，单晶硅片市场占比也将进一步增大，且 N 型单晶硅片占比将持续提升。未来随着生产成本的降低等，N 型电池将会成为电池技术的主要发展方向之一。

此外，太阳能光伏发电系统运行维护简称电站运维，是以系统安全为基础，通过预防性维护、周期性维护及定期的设备性能测试等手段，科学合理地对电站进行管理，以保障整个电站光伏发电系统安全、稳定、高效运行，从而保证投资者的收益回报，也是电站交易、再融资的基础。

我国工商业分布式光伏系统的初始全投资主要由组件、逆变器、支架、电缆、建安费用、电网接入、屋顶租赁、屋顶加固及一次设备、二次设备等部分构成。其中一次设备包括箱式变电站（简称箱变）、开关箱及预制舱。2020 年我国工商业分布式光伏系统初始投资成本为 3.38 元 / 瓦。

我国地面光伏系统的初始全投资主要由组件、逆变器、支架、电缆、一次设备、二次设备等关键设备成本，以及土地费用、电网接入、建安费用、管理费用等部分构成。其中，一次设备包括箱变、主变、开关柜、升压站（50 兆瓦，110 千伏）等设备，二次设备包括监控、通信等设备。土地费用包括全生命周期土地租金以及植被恢复或相关补偿费用；电网接入成本仅含送出 50 兆瓦、110 千伏、10 千米的对侧改造；管理费用包括前期管理、勘察、设计以及招投标等费用。建安费用主要为人工费用、土石方工程费用及常规钢筋水泥费用等，未来下降空间不大。组件、逆变器等关键设备成本随着技术进步和规模化效益形成，仍有一定下降空间。电网接入、土地费用、项目前期开发费用等属于非技术成本，不同区域及项目之间差别较大，降低非技术成本有助于加快推动光伏发电平价上网。2020 年，我国地面光伏系统的初始全投资成本为 3.99 元 / 瓦左右，较 2019 年下降 0.56 元 / 瓦，降幅为 12.3%。其中，组件约占投资成本的 39.3%，占比较 2019 年上升 0.8 个百分点。非技术成本约占 17.3%（不包含融资成本），较 2019 年下降 0.3 个百分点。2020 年上半年，下游市场需求减弱，组件价格及光伏发电系统投资成本快速下降，下半年受多晶硅、玻璃、胶膜等原材料价格上涨影响，组件价格及光伏发电系统投资成本上涨，项目经济性降低，预计平价时期光伏系统投资成本对供应链价格波动更加敏感。

在国际和国内工程咨询和承包等活动中，由国际咨询工程师联合会（菲迪克）编写的菲迪克红皮书、黄皮书、金皮书及银皮书等合同范本与惯例、规则等文件，已被联合国有关组织和世界银行等国际组织普遍承认并广泛采用。菲迪克红皮书是施工合同条件；黄皮书是生产设备和设计施工合同条件，即DB；金皮书是设计、施工和运营合同条件，即DBO；银皮书是设计采购施工/交钥匙工程合同条件，即EPC。光伏系统的EPC指的是光伏建设公司接受业主的委托，按照合同约定对工程建设项目的设计、采购、施工、试运行等实行全过程或若干阶段的承包，并对所建工程的各个环节负责。光伏系统EPC分为集中式光伏EPC和分布式光伏EPC。在中国国内的光伏系统EPC招标中，也会出现大EPC模式和小EPC模式。

1.2　业主和承包方信息

1.2.1　业主信息：AMEA Power

AMEA Power is one of the fastest growing renewable energy companies in the region with a clean energy pipeline of over 6GW across 20 countries. Founded in 2016, AMEA Power has assembled a leading team of global industry experts to deliver projects across Africa, the Middle East and other emerging markets. AMEA Power's parent company is AlNowais Investments (ANI) Investment Company headquartered in Abu Dhabi, with total assets of over ten billion US dollars. Its business areas include engineering contracting, construction, energy, building materials, real estate, and other fields.

AMEA Power already has more than 1230 MW of clean energy projects either in operation or under construction in Burkina Faso, Egypt, Jordan, Morocco and Togo. To support its growth, AMEA Power is rapidly expanding its investments in wind, solar, energy storage and green hydrogen, demonstrating its long term commitment to the global energy transition.

To deliver its projects, AMEA Power works in close partnership with global supply chains, financial institutions, and electricity offtakers, who are committed to long term Power Purchase Agreements (PPA).

As part of its commitment to economic and social development, AMEA Power works closely with local stakeholders to establish programmes that advance local communities which neighbour our renewable energy projects.

AMEA is committed to providing clean energy such as wind and solar energy to Egypt. In 2019, the Egyptian Electricity Transmission Company (EETC) signed an electricity procurement agreement with AMEA Power to build a 500 MW wind farm and a 200 MW solar power plant in Egypt. Amunet Wind Power, a subsidiary of AMEA Power, will construct, own, and operate this 500 MW wind farm in the Ras Ghareb region of the country, which is supported by a 20-year "take or pay" agreement. Another subsidiary of AMEA, Abyodos Solar, will construct, own, and operate a 200 MW photovoltaic project in the Kom Ombo area of Aswan, which is supported by a 25-year "pay or pay" agreement. The above-mentioned solar power plant is expected to be put into operation in the fourth quarter of 2021, and the wind power plant will be put into operation in the third quarter of 2023. These two projects are expected to generate 2.9 GWh of electricity annually.

In November 2022, AMEA Power Energy reached an agreement with the Egyptian government to build two renewable energy power plants with a capacity of 1000 MW, including a 500 MW wind farm and a 500 MW photovoltaic power plant, worth 1.1 billion US dollars. AMEA Power will also own and operate these two factories, and the Japanese International Cooperation Agency, International Finance Corporation, and Dutch Entrepreneurship and Development Bank are providing funding for the project. The electricity prices from solar parks and wind farms will be 2 cents per kilowatt hour and 3 cents per kilowatt hour, respectively, which is the lowest rate in Africa and one of the cheapest rates in the world.

AMEA's project contributes to achieving Egypt's sustainable development goal of 42% of electricity coming from renewable energy by 2035, thereby promoting Egypt's social and economic development.

1.2.2 承包方信息

由中国能源建设股份有限公司、中能建国际建设集团有限公司、中国能源建设集团浙江火电建设有限公司组成的联营体。

承包方一：中国能源建设股份有限公司

中国能源建设股份有限公司（以下简称"中国能建"）成立于2014年12月19日，是由中国能源建设集团有限公司（国务院国有资产监督管理委员会监管的中央企业）与其全资子公司电力规划总院有限公司共同发起设立的股份有限公司，2015年12月10日首次公开发行H股并在香港联合交易所有限公司主板挂牌上市，2021年9月28日，在上海证券交易所主板挂牌上市。

中国能源建设股份有限公司是一家为中国乃至全球能源电力、基础设施等行业提供系统性、一体化、全周期、一揽子发展方案和服务的综合性特大型集团公司，主营业务涵盖传统能源、新能源及综合智慧能源、水利、生态环保、综合交通、市政、房建、房地产（新型城镇化）、建材（水泥、砂石骨料等）、民爆、装备制造、资本（金融）等领域，具有集规划咨询、评估评审、勘察设计、工程建设及管理、运行维护和投资运营、技术服务、装备制造、建筑材料为一体的完整产业链。中国能建连续9年进入世界500强，在《工程新闻记录》（ENR）全球工程设计公司150强、国际工程设计公司225强、全球承包商250强和国际承包商250强排名中位居前列，在90多个国家和地区设立了200多个境外分支机构，业务遍布世界140多个国家和地区。

中国能建作为能源电力和基础设施建设领域的主力军和排头兵，先后承建了三峡工程、南水北调、西气东输、西电东送、三代核电等一系列关系国计民生的重大工程，铸造了乌东德水电站、白鹤滩水电站、华龙一号等一批享誉全球的大国重器，在大规模风光储输示范工程、特高压多端混合直流输电工程、高海拔输变电工程、1240兆瓦高效超超临界燃煤发电工程等领域创造了卓著业绩，并在海外打造了一批具有中国能建特色的中国坝、中国电、中国网、中国城、中国路、中国桥，将先进成熟的中国技术、中国装备、中国质量、中国管理、中国运营服务源源不断地呈现给世界人民。中国能建秉承"行业领先、世界一流"的战略愿景，致力于在践行国家战略上走在前列、在推动能源革命上走在前列、在加快高质量发展上走在前列、在建设美好生活上走在前列，致力于打造一流的能源一体化方案解决商、一流的工程总承包商、一流的基础设施投资商、一流的生态环境综合治理商、一流的城市综合开发运营商、一流的建材及工业产品和装备提供商，致力于在推动能源革命和能源转型发展、加快高质量发展、深化系统改革、全面加强科学管理、全面提升企业核心竞争力与组织能力、加强党的全面领导和党的建设上取得突破性进展，加快推进能源网、交通网、数字网、水网、生态网、产业网、文化网"七网"深度融合，全力打造新能源、新基建、新产业"三新"能建平台，系统打造高质量发展的新能建，加快建设世界一流企业，持续为客户、股东、员工和社会创造更多、更大的价值。2022年，中国能建在建项目如表1-2所示。

表1-2 中国能建2022年在建项目情况

项目地区	项目数量（个）	总金额（万元人民币）
境内	2738	87698521.78
境外	364	39749073.48
其中		
亚洲	227	24021647.77
欧洲	12	2278989.30
非洲	93	7483643.37
美洲	29	5911497.44
大洋洲	3	53295.60
总计	3102	127447595.26

承包方二：中能建国际建设集团有限公司

中能建国际建设集团有限公司（以下简称"中能建国际集团"）于2021年9月29日在北京成立，是中国能建全资子公司，注册资本金70亿元。中国能建系统构建"一体两翼"海外优先优质协同发展体系，打造"1+2+N+X"海外业务管理体制。"1"为"一体"，即中能建国际集团，是中国能建国际业务发展和管理的责任主体。"2"为"两翼"双平台，包括中国葛洲坝集团国际工程有限公司、中国电力工程顾问集团国际工程有限公司，发挥工程承包和规划设计的综合优势、品牌优势，协同"一体"开展国际业务。"N"为中国能建所属国际业务骨干企业。"X"为有一定国际经验，具备"走出去"发展潜力的企业。

中能建国际集团作为核心平台，承担中国能建国际业务大管理、大发展、大创效、大监督、大保障职能，引领统筹中国能建十二大业务全面出海。在管理层面，公司负责全面组织实施中国能建海外优先发展战略、全面统筹国际业务和市场布局、全面协调海外品牌建设和高端市场营销、全面强化海外风险管控和合规体系建设，是中国能建国际业务的战略管控中心、资源整合中心、绩效评价中心、运营控制中心、风险管控中心、价值创造中心，带动十二大业务与全产业链"走出去"。

承包方三：中国能源建设集团浙江火电建设有限公司

中国能源建设集团浙江火电建设有限公司（以下简称"中国能建浙江火电"）成立于1958年，注册资本金10.05亿元，资产总额超过90亿元，是中国特大型中央企业——中国能源建设集团有限公司的骨干成员企业。公司主营业务包括传统电力能源、新能源及综合智慧能源、生态环保、水利、综合交通、市政、房建、房地产（新型城镇化）、装备制造等多个领域，具有较强的工程总承包和融资带动总承包能力。公司本部共设置13个职能部门，下设2个专业化工程公司、5个分公司以及9个全资（控股）子公司，截至2022年年底在职员工有4252人。

截至2022年，中国能建浙江火电累计完成大型电力装机总容量超过108768.9兆瓦，其中常规电源项目总容量103133.43兆瓦，新能源项目总能量5635.47兆瓦（其中风机投产总计1924台，投产总容量4042.54兆瓦），施工地域遍及我国20余个省（直辖市、自治区），并承建了印尼、埃及、乌兹别克斯坦、越南、土耳其、孟加拉国、老挝、缅甸等国部分电力工程以及钢结构制造、电厂运维检工作。中国能建浙江火电在中国电力建设史上参与创造了多项第一：承建的我国第一座核电站——秦山核电站成为我国自力更生、和平利用核能的典范；承建的全国首台百万千瓦超超临界火电机组——华能玉环电厂一号机组实现了我国电站建设能力从60万千瓦向百万千瓦等级的成功跨越；承建的全球首台AP1000核电机组——三门核电常规岛工程，标志着世界核电建设迈进了AP1000的新里程。

1.3 谈判动因

2022年11月，AMEA Power能源公司与埃及政府达成协议，建造两座总容量为1000兆瓦的可再生能源发电厂，包括一座500兆瓦的风力发电厂和一座500兆瓦的光伏发电厂。其中，500兆瓦的光伏发电厂位于埃及最南部的阿斯旺省首府阿斯旺市西北约60千米的康翁波。阿斯旺是位于埃及南部的一个城市，这里有本班光伏产业园，也就是埃及兴建的第一个"太阳能村"。本班光伏产业园地处埃及沙漠腹地，占地约37平方公里。全面投入运营后，园区发电机组总容量预计可达近2000兆瓦，使它有望成为世界最大的光伏产业园之一。

康翁波500兆瓦光伏电站工程范围包含光伏电站的设计、采购、施工、运行及维护，是目前埃及乃至非洲地区单体最大的光伏项目，建成后将有效提高埃及新能源发电占比，有助于实现埃及可持续发展目标，即到2035年42%的电力来自可再生能源。

在全球能源利用加速转型背景下，AMEA Power将聚焦非洲和亚洲市场，加快推进新能源项目开发。AMEA Power期待与中国能建合作建设埃及康翁波500兆瓦光伏电站项目，创新合作模式，实现强强联合、互利共赢。

为了能够成功签约康翁波500兆瓦光伏电站，中国能源建设股份有限公司、中能建国际建设集团有限公司和中国能建浙江火电组成了联营体，并成立了专门的项目开发团队，该团队多次长途跋涉至现场踏勘，就水文地质、日照资源、供水供电、设备材料、劳动力供应等数据信息进行详细调研，并将信息及时反馈给技术及商务人员。同时，为最大程度满足业主对于项目"PR"值的极高要求，埃及分公司想方设法获取项目现场年温度平均值、年平均风速、年降雨量、年日照时长等关键信息，精确测量厂区内地势高度差。

中国能建、中能建国际集团、中国能建浙江火电组成的联营体从2020年3月正式立项，其间经历全球多变局势、诸多国际一流电建企业同台竞技、埃及政府对项目容量的调整、联营体成员的变更、合同谈判存在国际时差等诸多困难挑战，公司项目开发团队凝心聚力、攻坚克难，经过27轮次报价、多轮合同谈判、上千封英文邮件沟通，终于进入了最后的一次谈判。

中国能建希望通过此次谈判能够与AMEA Power强强联合，打造一体化、专业化、融合化、差异化竞争新优势，深入探索在光伏、风电、氢能、储能、海水淡化等领域的合作，携手推进更多优质项目落地。

1.4　业主和承包方谈判目标

中国能建、中能建国际集团、中国能建浙江火电组成的联营体与AMEA Power及其子公司进行合同谈判，根据提供的信息并结合现实以确定合同中的各个条款。

1.5 谈判准备

准备1：PMC、CM、BOT、DB、DBB、EPC的区别是什么？

名称	定义	业主的责任	承包商的责任	工程师或者项目管理承包商的责任	使用时间
PMC					
CM					
BOT					
DB					
DBB					
EPC					

准备2：菲迪克中的红皮书、黄皮书、金皮书和银皮书的区别是什么？

准备3：中国能建、中能建国际集团、中国能建浙江火电组成的联营体的谈判议程。

准备4：AMEA Power 的谈判议程。

1.6 谈判拟达成的合同范本参考

国际民用工程合同

编号：_____

本合同由_____代表的_____（公司）（以下简称"发包方"）和_____代表的_____（公司）（以下简称"承包方"）于_____年_____月在_____（地点）订立。承包方在_____国注册为法人，其主要办事机构位于_____。其代表已经被授权签订约束该法人的合同。

双方达成如下协议：

第一条 工程范围

考虑到发包方将如下文所述付款给承包方，承包方特此与发包方订立协议，以执行、完成和继续与合同规定相符合的工作。

承包方负责提供与第二条所列文件的条款、条件和要求相一致的、执行和完成工作所必需的所有劳工，包括其管理、材料、工具、建筑方法、设备和装备。

第二条 合同文件

下列文件应当被认为并被解释为合同的组成部分：

（1）投标须知。

（2）特别条件（如果有）。

（3）详细说明。

（4）图纸等。

第三条 履约保证

在合同签订日，承包方应当向发包方提供总额为_____的履约保证金。该保证在指定的担保和/或持续期间到期后方可解除，并且承包方因此应当在此期间维持保证的有效性。如果承包方的义务和责任无论因为任何原因迟延超过规定的完工期，承包方应当同样地延展担保以覆盖这种迟延期间。

第四条 工程总价和完工时间

发包方同意支付工程费用，并且承包方同意接受基于数量单所规定的工程单价或合同条件下所确定的其他类似款项的总价为_____的工程费用。合同应当于_____（时间）完成。

第五条 转包和分包

没有发包方预先的书面同意，承包方不应把本合同或其任何部分，或其中或其项下的任何利益转让。

承包方不能分包整个工程。除了合同其他方面规定的以外，没有发包方预先的书面同意，承包方不应当分包工程的任何部分。这种同意，如果给出的话，不应当免除承包方在合同项下的任何义务和责任，并且他应当对分承包方、他的代理人或工人的违约和疏忽负责。

第六条 图纸

图纸应当留在发包方的单独保管之下，但其两份复印件应免费提供给承包方。承包方应当以自己的费用提供、制作自己额外要求的复印件。在该合同完成时，承包方应当将合同项下提供的所有图纸归还给发包方。

如前所述，将提供给承包方的一份图纸的复印件，应当由承包方保存在工地，并且这份复印件应当由发包方和被发包方书面授权的任何其他人为检查和使用的目的在合理的时间内得到。

无论什么时间工程计划或进展有可能被拖延或中断，承包方都应当向发包方发出书面通知，除非任何进一步的图纸或命令，包括指示、指令或认可，由发包方在合理的时间内发出。通知应当包括对图纸或命令的要求的详细情况和这种要求为什么要提出，要何时提出以及如果这一要求迟至可能造成的任何迟延或中断。

在任何情况下，如果发包方疏忽或无能，没有在合理的时间内发出任何承包方根据本条所要求的图纸或命令，承包方因此遭受拖延，那么发包方应当在决定合同所确定的任何时间的延展时考虑这种拖延。

第七条　一般责任

承包方应当全权负责所有施工现场的施工和建筑方法的合适、稳定和安全，但是承包方不应对永久性工程或任何临时性工程的设计或详细说明负责，除非合同中已经清楚地规定了。

发包方应当使承包方根据投标文件可以得到发包方或代表发包方从已经进行的与工程有关的调查中应当已经得到的关于水文条件和地下条件的数据，并且投标应当被认为是基于这些数据的，但是承包方应当对他自己的解释负责。

承包方应当被认为已经检查了施工现场和它的环境以及与之有关的可得到的资料，并且就实际情况而言，在提出他的投标之前就对包括地下条件、水文和气候条件、工程的范围和特征、完成工程所需的材料、进入施工现场的方法和他可以要求的贷款等的形式和特征感到满意。一般来讲，应当认为承包方已经得到关于上文提到的风险、意外事件和一切其他可能影响他投标的情形等的必要的资料。

承包方应当被认为在投标前就对工程投标的和估了价的工程数量单和进度、价格表所规定的工程进度和价格的正确性和资格感到满意，除了合同规定的其他方面，投标书的进度和价格应当包括其在合同项下的责任和一切为正确执行和继续工程的必要的事情。

除非法定或实际上的不可能，承包方应当严格地依照合同执行和继续工程，以使发包方感到满意，并且应当在任何事情上严格地遵守发包方的指令、指示，无论合同中是否提到。

承包方应当在合同执行期间和只要发包方认为是正确履行合同项下承包方的义务的必要时提供一切必要的管理。承包方或者一个由发包方以书面形式认可的（该项认可在任何时都可以撤回）称职的被授权的代理人或代表，应当在工程期间是不变的，并且应当把自己的全部时间用于工程管理。如果上述认可被发包方撤回，承包方在收到这一撤回通知后，注意到下文所提到的调换请求，应当一旦切实可行就从工程中更换代理人，并且以后不在工程中以任何身份雇用他，并应更换为发包方认可的另一个代理人。这一被授权的代理人或代表应当代表承包方接受来自发包方的指示、指令。

（1）承包方应当在与执行和继续工程有关的施工现场提供和雇用下述人员：

（a）只有在他们各自职业领域是熟练的和经验丰富的技术人员，和对他们所被要求的管理工作进行正确管理的称职的副代理人、监工和领导；

（b）正确、及时地执行和继续工程所必需的熟练的、半熟练的和非熟练的劳动力。

（2）发包方可以自主地提出异议，并要求承包方立即从工程中解雇那些承包方在执行或继续工程期间雇用的任何人。这些人在发包方看来，在正确执行他们的职责方面是不规矩或不称职或玩忽职守，或者他的雇用被发包方认为是不愉快的，并且这些人没有发包方的书面承诺不应再被雇用于工程。任何被从工程中解雇的人应当立即由发包方认可的称职的人代替。

与工程相联系，承包方应当以自己的费用为保护工程或为公众及其他人的安全和便利，在任何必要的时间和地点或应发包方的要求，提供和维持所有的照明、警卫、围墙和守护。

第八条 工程完工

从工程开始直到依据第二十六条为整个工程的完工证明所确定的日期时止，承包方应当对其管理全权负责。倘若发包方就任何一部分的永久工程发出完工证明，承包方就将从该部分的完工证明所确定的日期之日起终止对该部分永久工程负责，并且将管理这部分工程的责任转移给发包方。

承包方应当对其承担的任何未完成的工作在工程持续期间到该未完成的工作完成时全权负责。只要工程或其任何部分发生来自无论什么原因的破坏损失或损害，但本条所规定的预期风险除外，承包方应当以自己的费用使其恢复原状，以便在完工时永久性工程应当在良好的状况和条件下以及在每个方面都与合同的要求相符的管理行为负全部的责任。

在任何预期的风险引发的任何破坏损失或损害的事件中，如果达到发包方所要求的程度和本合同第三十四条规定的承包方应当修理并使其恢复原状，费用由发包方承担。承包方也应对为完成任何未完成的工作或遵守本合同第二十七条项下的责任由其进行施工的过程中由其所引起的对工程的任何损坏负责。

"预期的风险"是指战争（无论战争是否被宣布）、敌对行为、侵略、外国敌人的敌对行为、叛乱、革命、暴动或军事政变或篡权行为、内战，或者除非完全由承包方或其分包方的雇员在施工过程中引发的骚乱、动荡或混乱，或者永久性工程的任何部分被发包方使用需要的占有，或者任何一种作为一个经验丰富的承包方所不能预见的自然力的作用，或者一切为此款中共同提到的"预期的风险"所作的合理的准备或保险。

第九条　工程保险

在本合同第八条项下没有限定其义务和责任的情况下，承包方应当以发包方和承包方共同的名义为由于除预期的风险以外任何原因所引起的一切损毁保险，因为根据合同条款承包方是有责任的，并且在这种方式下，发包方和承包方在本合同第八条所规定的期间和工程持续期间内对某一原因引起的、发生在工程持续期间之前的损毁受到保险的保护，并且对承包方为完成第二十七条项下的义务的目的所执行的任何工作期间所引起的损毁受保险的保护：

（1）按估算了的现时合同价值所要施工的工程或者和材料一起被列出的以其替代物的价值在工程中合并计算的增加的费用。

（2）以其替代物的价值计算的建筑机械和其他被承包方带入施工现场的东西。

这种保险应当由一个保险公司完成，并且在条款方面由发包方认可。该认可不能无理由地扣留，并且承包方无论何时都应根据要求向发包方提供保险单和现在的保险费的付款收据。

第十条　人身和财产损失

除非合同有另外规定，承包方应当保护发包方免受在工程执行和继续过程中发生的无论是关于对任何人身的伤害和侵害或对任何财产的本质上的或物理上的破坏的任何损失和权利要求，并且免受任何请求、诉讼程序、破坏、诉讼费用、控告和支出，无论是在哪方面或与什么相关联。除非这些赔偿是关于：

（1）工程或其任何部分的永久性工程占用的土地。

（2）发包方在任何土地之上、之下或通过该土地工程或其任何部分的权利。

（3）根据合同执行和继续工程造成的不可避免的结果所引起的对人身或财产的伤害或破坏。

第十一条　第三方责任险

开始执行工程之前，只有在没有本合同第十条项下限定的义务和责任的情形下，承包方应有义务为由于执行工程或合同可能引起的包括发包方财产在内的任何财产或包括发包方任何雇员在内的任何人的任何本质上的或物理上的损毁或伤害投保，除非可归因于此的事件已经在本合同第十条的规定中提到过。

这种保险应当由一个保险公司完成，并且在条款方面由发包方认可，这一认可不能无理由地扣留，并且至少为＿＿＿＿＿＿＿（金额）。承包方无论何时都应当根据要求提供保险单和现在的保费的付款收据。

保险条款中应当包括这样一项规定，即在任何请求事件中，因为承包方将被授权接受保险单项下对发包方的补偿，保险公司将保护发包方免受这种请求和任何诉讼费用、控告和支出。

第十二条 人员的意外事故或伤害

发包方不对任何人或承包方及其分包方雇用的其他人由于任何意外事故或伤害在法律上应支付的赔偿负责，除非这一意外事故可归于发包方、其代理人或者雇员的任何行为或违约。承包方应使并持续使发包方免受这种赔偿，除非如前所述，并且使其免受任何请求、诉讼程序、诉讼费用、控告和支出。

承包方应当向发包方认可的保险公司投保这种责任，这一认可不能无理由地扣留，并且应当在他为工程雇用的人被雇用的全部期间内继续这种保险，并且应当根据要求提供这种保险单和现在的保险金的付款收据。除此之外，关于被分包方雇用的任何人，如前所述，在本款下如果分包方已经就这些人以保险单项下发包方免受索赔的形式或投保了责任险，那么承包方的保险义务应当是令人满意的，但承包方应当要求这些分包方根据要求提供保险单和现在的保险金的付款收据。

第十三条 对于承包方未履行保险义务的法律救济

如果承包方未能完成并有效地维持在第九条、第十一条、第十二条中提到的保险，或他在合同项下被要求完成的其他任何保险，那么，在这种条件下，发包方可以完成并有效地维持这种保险，并为那种目的在必要时支付保险金，并时时从如前所述的发包方支付给承包方的到期的或即将到期的款项中扣除，或从承包方处取得同等数额的到期债权。

第十四条 对法规、规章等的遵守

对关于工程执行的任何国家或州的法规、法令或其他法律，或者任何规章，或者任何地方的或其他正当组成的当局的细则关于工程的执行，和根据规定和章程，或其财产，或权利受到或可能受到工程的任何形式的影响的公众团体和公会要求给出的一切通知，或支付的一切费用，承包方应当给出通知并支付费用。

承包方应当在各方面遵守如前所述的适用于工程的任何这种法规、法令和规章，或者任何地方的，或其他正当组成的当局的细则的规定，并且遵守这种如前所述的公众团体和公会的规定和规章，而且应当使发包方免受所有因违反任何这种法规、法令或法律、规章、细则的每一种惩罚和责任。

发包方将偿付或酌情考虑承包方应支付和已支付的与这种费用有关的一切费用。

第十五条　其他承包方的加入

承包方应当给发包方所雇用的其他承包方及其工人和发包方的工人以及可能在施工现场或其附近从事任何本合同未包括的，或任何发包方可以参加的与工程有关或辅助工程的任何合同的工作的任何其他正当组成的当局提供一切合理的机会。

第十六条　承包方保持施工现场的清洁

在工程进展过程中，承包方应当合理地保持施工现场免受一切不必要的妨碍，而且应当存放或处理任何建筑机械和剩余的材料，并且在施工现场清除任何残骸、垃圾或不再要求的临时工程。

在工程完成时，承包方应当从施工现场清除所有的建筑机械、剩余的材料、垃圾和各种临时工程，并且使整个工地和工程清洁而且在使发包方满意的整洁的条件中。

第十七条　劳工

承包方应当自己组织所有当地的或其他地方的劳工，并且除了承包方在其他方面提供以外，还负责运输、住宿、膳食和工资。

就合理的切实可行的措施而言，承包方考虑到当地的条件，为使发包方满意，应当在施工现场提供充足的饮用水和其他水的供应，供承包方的职员和工人使用。

除了根据现时有效的法规、法令和政府规章或命令，承包方不应当进口、出售、给予、易货或以其他方法让与任何含酒精的液体或毒品，或者允许或负担其分包方、代理人或雇员的任何这种进口、买入、礼品、易货或让与行为。

承包方不应给予、易货或以其他方法让与任何武器或各种弹药给任何人，或者允许或负担如前所述的行为。

承包方在对待他所雇用的劳工中应当充分注意到所有公认的节日、休息日和宗教日以及其他风俗习惯。

在任何传染自然界的疾病发生的事件中，承包方应当遵守并执行这种由政府或地方医院或卫生当局为处理和克服这种疾病所可能作出的规定、命令和要求。

承包方在一切时候应当采取一切合理的预防措施以防止任何由其雇员引起或在他们中的不合法的、扰乱性的或者混乱的举动，并且为维护和平和保护工程周围的人身和财产制止这种举动。

第十八条　材料和工艺

一切材料和工艺应当是合同中根据发包方的指令所记述的各种类别，并应当时时接受发包方可能在加工厂或制造地，或者在施工现场，或合同规定的其他地方以及任何这类地方进行检验。承包方应当提供通常为检查、测量和检验任何工作和任何使用的材料的质量、重量或数量所要求的帮助、仪器、机械、劳动力和材料，并且应当为发包方所选择和要求的检验在材料用于工程前提供材料的样品。

一切样品应由承包方提供，如果这种提供已经由合同规定，则费用由承包方承担，否则，费用由发包方承担。

如果检验已经由合同规定，并且，仅就负荷检验或者确定任何已完成的设计或部分完成的工作是否适合其想要达到的目的的检验而言，在合同中以充分的细节列举了以使承包方能在确定价格时或在其投标中考虑这些时，进行检验的费用应不由承包方承担：

（1）未被这样设想或提出；或者

（2）（就上面提及的而言）没有这样列出；或者

（3）尽管是由发包方这样设想或提出，但是由一个独立的人在施工现场或材料的加工厂或制造地之外的任何其他地方检验的。

如果检验显示工艺或材料不符合合同的规定，那么这种检验费应当由承包方承担。

第十九条　施工的检验

发包方和其授权的任何人可以在任何时候进入工程地点和所有的正在开展工作的或为工程存放材料、人工制品或机器的地方，并且承包方应当为获得这种进入的权利提供每一项便利的帮助。

没有发包方的认可，任何工作不应逃避检查，并且承包方应当为发包方提供充分的检查和测量任何可能将逃避检查的工作和在永久性工程施工前检查其基础工程。无论何时，这种基础工程工作为检查做好或将做好准备时，承包方应当向发包方发出到期通知，同时，发包方应当没有不合理的拖延为检查和测量这种工作或检查这种基础工程的目的到场参加，除非发包方有根据地认为不必要并向承包方提出了建议。

第二十条　不适当工程和材料的返工及更换

发包方在工程进展期间有权时时以书面形式命令：

（1）在命令所规定的时间中从施工现场更换任何在发包方看来与合同不相符的材料。

（2）合适的替代物和合适的材料；并且

（3）更换并正确地再执行，尽管任何对其预先的检验或为此的临时工程，在发包方看来，在材料和工艺方面是与工程不相符的一切工作。

就承包方在执行这种命令中所作出的违约而言，发包方应当有权雇用并且付款给其他人以执行同样的工作，并且所有因其发生或附带的费用应当由发包方从承包方处取得补偿，或者由发包方从付给承包方的到期的或即将到期的任何款项中扣除。

第二十一条　工程的中断执行

根据发包方的书面命令，承包方应当在发包方认为必要的任何时候以必要的方式中断工程的进展，并且应当在中断期间正确地保护和保管就发包方看来是必要的工程。承包方在执行本条项下的发包方的指令所发生的额外费用应由发包方承担和支付，除非这种中断是：

（1）在合同中其他方面规定的；或者

（2）由于承包方所作出的一些违约原因的必要；或者

（3）由于施工现场的气候条件的原因的必要；或者

（4）为正确执行工程或为工程或其任何部分的安全的必要，这种必要性不是由于工程师或发包方引起，也不是由于本合同第八条所规定的预期风险所引起的。

倘若承包方没有被授权获得这种额外费用，除非他在发包方命令之日起28天内向发包方发出书面的意向通知提出要求，发包方应当处理和决定就这种在发包方看来是公平的和合理的要求而言的本合同第二十三条项下的对承包方造成的额外费用和／或时间延展。

如果工程或其任何部分的进展因发包方的书面命令而被中断并且从中断之日起90天内发包方没有给出继续工程的许可，除非这种中断是由于本条所规定的中断引起的，承包方可以向发包方送达一份书面的通知，要求允许自其收到该通知之日起28天内继续进行工程，或者被中断进行的那部分，并且，这种许可没能在那段时间内被承认，承包方可以通过进一步的书面通知送达，但并不受此束缚。

第二十二条　开始和终止的时间

承包方应在合同签字后15日内在施工现场开始工程，但无论如何，不得迟于2个月，承包方应当迅速地并且没有拖延地开始工程，除非由发包方特别认可或命令，或完全超出承包方的控制。

发包方将根据可能的要求给予承包方这些施工现场的占有权，以使承包方能依照同意计划开始和进行工程的执行。如果承包方承受了由于发包方给予占有权的任何失误所造成的拖延或费用发生，发包方应当为工程的完成许可一段延长的时间，并且以其观点证明这种方式的公平足以补偿发生的费用的数目。

承包方应当承担他自己要求的与进入施工现场相联系的特别的或临时的通告权所产生的一切费用和责任。承包方也应当以自己的费用提供任何在施工现场以外的为工程的目的由其所要求的附加的膳宿。

在整个工程完工前就工程的任何一部分的完成而言在合同中的任何要求的条件下，整个工程应当在与本合同先前的第四条相一致的情况下完成。

第二十三条　工期的延展

在这些条件中提到的任何额外或附加工程的任何种类或任何原因的拖延的时间量或者异常的不利条件，或者他们在无论任何一种可能发生的特殊环境，除了承包方违约之外，应当为工程的完成公平地授权给承包方一段时间的延展，发包方应当决定这种延展的时间量并且据此通知承包方。

第二十四条　工程的进度

如果因为任何没有授权给承包方时间延展的原因，以发包方的观点，工程或其部分的进展速度在任何时间太慢，以至于到规定的时间或为完成而延展的时间时不能保证完成，发包方将以书面的形式通知承包方，并且承包方应当因此采取必要的且发包方可能认为加快进展的步骤，以便到规定的时间或延展的时间时完成工程或其部分。承包方不应被授权为采取此步骤而增加款项。

第二十五条　工程延期损失的计算

如果承包方没有在本合同第四条所规定的时间内完成工程，那么承包方应当为这种违约向发包方支付按每天_____%的比例计算的损失，并且不是在本合同第四条所规定的时间和证明工程完工的日期之间消失的一种违约金。发包方可以在对任何取得赔偿的方法没有偏见的情况下，从在其手中的对承包方到期的或即将到期的任何款项中扣除这种损失的金额。这种损失的支付或扣除不应解除承包方完成工程的义务或合同项下任何其他的责任和义务。

第二十六条　工程完工的证明

当整个工程已经真正地被完成并且满意地通过了任何合同规定的最终的检验，承包方可以就那个结果给发包方发出一个附带在工程继续期间完成一切未完成工作的保证的通知。这种通知和保证应当是以书面形式并应当被认为是承包方的一个要求签发就工程而言的完工证明的请求。发包方应当在收到这种通知之日起21天内或者对承包方签发一个以其自己的观点说明工程真正地按合同完成的日期的完工证明，或者以书面形式给承包方以指令,具体说明以他的观点来看在签发这种证明前要求承包方做的一切工作。发包方应当通知承包方在工程中的可能在这种指令之后和其中具体说是有的工作完成前出现的影响工程真正完工的任何缺陷。在具体说明的工作完成,修补好被通知的任何缺陷后 21 天内,承包方有权得到这种完工证明。

在应当实质性地完工或应当满意地通过了合同所规定的任何检验的永久性工程的任何部分中,发包方可以在全部工程完工前就那部分永久性工程签发一个完工证明,并且因这种证明的签发,承包方应当被认为已经在工期中履行了完成任何在工程的那部分中未完成的工作的义务。

倘若在全部工程完成前就永久性工程的任何部分给予了完工证明,不应被认为证明了任何需要恢复的场地上或地表的工作的完成,除非这种证明被清楚地说明了。

第二十七条　工程缺陷的保证和不履行义务的责任

在这些条件下,"维修期"是指由发包方根据本合同第二十六条证明工程完成的日期起 1 年的保证期间。

应发包方的要求,承包方应当不迟延地以自己的费用维修或返工任何由于有缺陷的材料或工艺引起的缺陷或损害。

如果承包方未能应发包方的要求完成如前所述的工作,发包方有权雇用并付款给其他人以执行同样的工作,并且如果在发包方看来这种工作是承包方在合同项下有责任以自己的费用完成的,那么所有因其发生的或附带产生的费用应当是可取回的或者是到期的债权。

一旦合同先于工程竣工而终止,承包方对材料或工艺的缺陷的责任仅在该工程全部完成并被发包方接收后 1 年内适用于他已完成的工程。

第二十八条　合同条款的变更、增加和删减

发包方可以变更以他的观点看来是必要的工程或其任何部分的形式、质量和数量,并且为此目的或为任何以他的观点看来是满意的原因,他有权命令承包方做并且承包方应当做下列任何事项:

(1) 增加或减少合同项下的工程量。

(2) 删除某项工程。

(3) 改变某项工程的特征质量或种类。

(4) 改变工程任何部分的高度、基线、定位和尺寸;和

(5) 执行任何种类的完成工程所必要的附加工程。

并且这种变更不应当在任何意义上使合同无效,但是这种变更的价值,如果有

的话，应当在确定合同价款总额中计入。

没有发包方的书面命令，承包方不应当作出这种变更。但不是根据本条项下给出的命令，而是根据工程数量单所作出的任何工程数量的增加或减少不必要求发包方的书面命令。

所有由发包方命令所确定的增加的工作或删减的工作应当根据合同所确定的比例和价格进行估价，如果这种比例和价格在发包方看来是合适的。如果合同没有包含适合于增加工作的任何比例或价格，那么由发包方和和承包方共同确认合适的比例或价格。如果未能达成一致，发包方应确定以他的观点看来是合理的和合适的比例或价格。

第二十九条　由于工程数量变更所作的合同价格的调整

如果工程按月进度款的总额除去附加工作费用和临时款项后超过或不足原合同总价，那么应当根据工程完成的情况对合同总价做如下调整：

（1）如果按月支付的款项总额超过原合同总价的120%，那么超过的部分按80%计算并支付。

（2）如果按月进度支付的款项的总额少于原合同总价的80%，那么将支付差价的20%以补偿承包方的一般管理费用和利益损失。

（3）本条项下的合同总价的调整不适用于按第三十五条规定的合同的终止。调整后的支付应当在最后结算时作出。单项的工程项目数量上的增减不影响合同总价的调整。

承包方应当逐月向发包方呈送一份尽可能全面和详细的账单，写明承包方认为有权获得的附加款项和按发包方的命令在前一个月完成施工的所有附加费用的款项。

未在其间或最后提出的支付任何这种工作的费用或支出的要求将被认为没有包括在这种细目之中。如果承包方在很早的切实的机会中已经以书面的形式通知发包方他将为这种工作提出要求时，即使他没能遵守上述条件，发包方仍应有权承认这种工作或支出所应支付的款项。

第三十条　设备、临时工程和材料

承包方提供的所有建筑机械、临时工程和材料在被运抵施工现场时，应当被认为专门用于工程的执行，并且没有发包方的书面同意，承包方不应移交这些或其部分，除非是从施工现场的一处到另一处。

工程完工时，承包方应从施工现场撤走所有由其提供的滞留其上的建筑机械和临时工程以及未使用的材料。

除根据本合同第八条和第三十五条规定外，发包方在任何时候都不对上述建筑机械、临时工程或材料的毁损负责。

对于承包方为工程目的而进口的任何建筑机械，发包方将根据承包方的要求协助其取得任何必要的政府对如前所述的为撤走承包的建筑机械的再出口的同意。

发包方将应承包方的请求协助其得到工程所需的建筑机械、材料和其他东西的通过海关的许可证。

第三十一条　工程量的计算

工程数量单中所规定的工程量是工程的预测量，但它们不能作为承包方履行其合同项下的义务所执行工程的真实和准确的数量。

除了另有规定外，发包方应当通过计算确定依据合同完成的工作在合同条款下的价值。

他应当在要求计算任何部分工程时向承包方授权的代理人或代表发出通知，并提供他们所要求的所有细目。该代理人或代表应当立即参加或派一名被授权的代理人以协助发包方进行计算。如果承包方没有参加，或不派出代理人，那么发包方所作的计算应当被作为工程的准确计算。

除合同另有规定外，即使有一般的或当地的习惯，工程也应当被计算。

第三十二条　临时款项

"临时款项"是指包括在合同中的在工程数量单上指明了用于工程的执行或货物、材料的供应，或服务，或全部或部分用于意外事件，或根本不同并完全由发包方支配的款项。

第三十三条　付款和保留金

承包方应当在每个月底尽早向发包方呈递其每月的工程进度付款单。该单应当是发包方认可的格式并应当附有测量和计算记录的副本以证实要求的总额。发包方核实该付款单无误，经扣除一定数量的保留金后向承包方支付净额款项。最终付款应依照完工证明的建议给付。

发包方应当从每月的工程进度款中扣除10%作为保留金。如果保留金被扣除超过6个月，那么承包方可以选择发包方接受的本地银行提供一项银行担保，并且以发包方所要求的形式来替代已经累积至少6个月的保留金。

合同项下的工程完工时，发包方将解除承包方的保留金和/或银行担保。

承包方应当按上述的时间表和进度向其雇用的所有工人支付工资。如果承包方未付给工人工资，发包方应直接付款给承包方的工人，并且把这种支付看成是承包方支付的。

第三十四条　对承包方违约的法律救济和处理

如果承包方即将破产，或者收到宣告破产的命令，或者应当呈交破产申请书，或者应当向债主偿债，或者应当承诺在其债主的调查委员会的控制下完成合同，或作为公司应当进行停业清算（不是由于合并或重建而自愿进行的清算），或者如果承包方首先未得到发包方的书面许可就转让本合同，或者应当对其货物进行扣押，或如果承包方以他自己的观点看来：

（1）废止合同；或

（2）无正当理由不开始工程或者自收到发包方继续工程的书面通知28天后仍中断工程的进展；或

（3）自收到发包方关于所说的材料或工程被宣告废弃并拒绝接收的书面通知28天后仍未从施工现场撤走材料或推倒并重建工程；或

（4）无视发包方的书面警告，不根据合同执行工程，或者一贯地疏于履行合同项下的义务；或

（5）无视发包方的反对意见或有损于工程的质量而将合同的任何部分分包出去。

那么发包方在向承包方发出书面通知14天后，可以占有施工现场和合同，并将承包方从那里驱赶走而并不违反合同，或者解除承包方在合同项下的任何义务和责任，或者行使合同授予发包方的权利和权力，并可以自己完成或者雇用其他承包方完成工程，发包方或这种其他的承包方认为合适时，可以根据合同的规定为这种完工而使用为执行工程专门留用的这种建筑机械、临时工程和材料，并且发包方可以在任何时候出售上述建筑机械临时工程和未使用过的材料，出售的收益用以偿还合同项下承包方应当支付给他的到期的或将到期的任何款项。

发包方在采取上述这种收回和驱逐行为之后，应当单方或咨询他方或进行了他认为合适的调查之后单方面作出决定，并且应当证明承包方到这种进入和驱逐时为止从合同项下他已完成的工程中已合理得到的利息或将合理增值的利益的总值以及以上提及的未使用或部分使用过的材料、建筑机械和临时工程的价值。

如果发包方根据本条的规定进入并驱逐承包方，发包方只有在维修期终止并且在执行和维修费用、延期完工损失以及由发包方招致的其他支出均已确定之后，才有责任付给承包方依合同规定的款项，然后，承包方才有权获得可付给他的到期款项。

第三十五条　特殊风险

不抵触合同中包括的各种规定：

（1）承包方除对本合同第二十条规定的并于下文所涉及的任何特殊风险发生之

前对工程负责外，对于损毁及与损毁有关的损失、对发包方和第三方的财产、对于下文所界定对特殊风险造成的身体的伤害和生命的丧失及相关损害，可承担责任。发包方应当赔偿并解除承包方对前项所列事项的责任，并且承担和同时解除承包方就所有在该过程中产生的或与之相关的请求、诉讼程序、损失、诉讼费用、指控和支出的责任。

（2）如果工程或任何位于工地、接近工地或者运往工地的材料，或者承包方使用的，或者意欲用于工程的任何其他财产遭受毁损，并且这些毁损是由于所规定的特殊风险的原因造成的，则承包方有权得到以下赔偿：

（a）对任何永久性工程的赔偿，以及对任何完成工程必要的材料遭到损坏的赔偿，这种赔偿应当是基于成本加上发包方证实为合理的利润；

（b）替代或修复任何这种工程的毁损；

（c）替代或修复承包方的用于或意欲用于工程的这种材料或其他财产。

（3）除了可归因于重建本合同第二十六条规定的被决定废弃的工程的费用之外，发包方应当向承包方偿付任何增加的费用或执行工程的杂费。这些费用可归于特殊风险或在某种意义上与所说的特殊风险相联系，且无论如何以本条下面包括的有关战争爆发的规定为条件，但承包方一旦知道任何这种费用的增加就应当立即以书面方式通知发包方。

（4）特殊风险是指战争（无论是否被宣布）、战争行动、入侵外国敌人的行动、原子弹及冲击波的风险，或者工程本身在其被执行时在与国家相联系的范围内，叛乱、革命、暴动、军事政变或篡权行为、内战，或者除非完全由于承包方或其分包方的雇员在施工过程中引起的骚乱、动荡和混乱。

（5）在合同执行期间，如果在此界的任何地方爆发了无论是否被宣告的战争，以至于无论在时政方面或其他方面实质性地影响了工程的执行的话，除非并且直到合同根据本条的规定被终止，承包方应当继续尽其全力去完成工程的执行，但发包方有权在这种战争爆发后的任何时候向承包方发出书面通知终止合同，并且根据这种给出的通知，除了本条下各方的权利和本合同第三十七条的执行外，该合同应当终止，但是不应有损于各方就先前违约所享有的权利。

（6）如果合同根据上一款的规定终止，那么，承包方应当尽快地把所有的建筑机械从施工现场搬走，并应为其分包方同样地撤出提供便利。

（7）如果合同如前所述被终止，发包方应当为在合同中规定了进度和价格并在终止日以前完成的工作向承包方支付尚未支付的款项，并且包括：

（a）就已经开展工作的任何初步的工程的可支付的总额，和就已经部分开展工作的这种初步工程的由发包方所确定的合适的付款比例；

（b）合理订购的已经运给承包方或已为承包方合法接收的材料或货物的成本，这种材料或货物因发包方的付款而成为其财产；

（c）由承包方在完成整个工程的期望中合理引发的未能依本款以前的规定得到给付的任何花销的总额款项；

（d）依本条第（1）（2）和（4）款的规定可支付的任何附加款项；

（e）在本条第（7）款下撤走建筑机械和承包方要求的返回在承包方注册国的主要机械停放地或其他地点的合理、不宜过大的花费；

（f）在这种合同终止时所有承包方的雇员或与工程相关的雇用的工人的移送回国的合理的费用。

除了任何本款项下发包方的到期的任何款项之外，就建筑机械和材料以及任何其他的在合同终止日依据合同条款可由承包方支付给发包方的款项而言，发包方有权将任何承包方到期的未付清的余额记入其贷款账户以示友好。

第三十六条 合同的落空及其补偿

合同订立后，如果发生战争或其他双方无法控制的情形，以致任何一方都无法履行其合同的义务，或者根据约束合同的法律，双方无须进一步履行合同时，发包方就执行工程向承包方可支付的款项应当比照本合同第三十五条项下规定的在合同因第三十五条规定终止时应支付的有关费用。

第三十七条 争议的解决——仲裁

发包方和承包方之间在任何时候发生与合同有关的一切问题、争议或异议，任何一方应当立即以书面形式告知另一方这种问题、争议或异议的存在，同时应提交仲裁。三名仲裁员，一名由发包方指定，另一名由承包方指定，如果承包方为外国人，则第三名由国际商会主席指定；如果承包方为本地的，则第三名仲裁员由工程技术协会的主席指定。如果任何一方没能在收到指定仲裁员的通知后60日内指定其仲裁员，则国际商会主席或工程技术协会的主席有权根据任何一方请求指定一个仲裁员。主席作出的这种任命的已证实的复本应向双方提供。

仲裁在涉及外国承包方时应根据巴黎国际商会的仲裁规则和程序进行，在仅涉及本地承包商时应当根据本地仲裁法的规定或其修正条款进行仲裁，并且在仲裁员同意而作出的仲裁裁决是终局的，并且对双方都有约束力，并且仲裁应支付的费用由仲裁员决定。

如果有合理的可能，在仲裁期间合同项下的执行应继续进行，并且发包方向承包方支付的到期款项也不能扣留，除非上述是仲裁程序中的主要事项。

第三十八条　通知

所有根据合同条款，由发包方向承包方给出的证明、通知或书面命令应当邮寄或传递送达承包方的主要营业地或其为此指定的其他地址。

所有根据合同条款向发包方发出的通知应当邮寄或传递送达在这些条件下为其目的所确定的各自的地址。

第三十九条　发包方的违约

（1）如果发包方：

（a）没有能根据任何付款证书在90日内向承包方支付根据合同到期的款项，但发包方有权根据合同扣除的除外；或

（b）干涉妨碍或拒绝任何要求签发任何证书的许可；或

（c）正式通知承包方不可预见的原因或经济混乱，其已不能继续履行其合同的义务。

则承包方根据合同在向发包方发出书面通知14天后有权终止合同。

（2）根据本条第（1）款提及的14天期满时，在不抵触第三十条的规定下，承包方应当尽快从施工现场撤走所有由其带来的施工机械。

（3）一旦合同终止，发包方就处于本合同第三十五条第（7）款所规定的合同被终止时对承包方付款的同样责任之下，发包方应当向承包方支付任何由于这种终止所引起的损害或补偿的总额。

第四十条　文字

发包方的官方代理人和承包方之间的所有通知、指示、信件或任何其他与合同有关的书面文件，都应当用英文和/或其他文字写成。

第四十一条　应当遵守的法律

与合同项下工程的执行相联系，发包方、其代表、职员、承包方的技术员或雇用人员都应遵守帕尔切斯的法律。

本合同一式二份，发包方和承包方完全理解后在证人面前签字盖章，每方保存一份。

签名：
发包方_____

签名：
承包方_____

1.7　参考文献

[1] 中国能源建设股份有限公司. 公司简介 [EB/OL].[2023-06-01].http://www.ceec.net.cn/col/col52617/index.html.

[2] 中能建国际建设集团有限公司公司. 简介 [EB/OL].[2023-06-01].http://www.gjjt.ceec.net.cn/col/col56814/index.html.

[3] 中国能源建设集团浙江火电建设有限公司企业简介 [EB/OL].[2023-06-01].http://www.ztpc.ceec.net.cn/col/col12736/index.html.

[4] 韩光军. 进出口贸易标准单证及合同范本 [M]. 北京：首都经济贸易大学出版社，2009.

第 2 章　中巴公司关于风电承包的谈判

2.1　谈判背景

电力是经济发展的动力、文明社会的标志。电力可来自非再生能源发电和再生能源发电。电力也可以按照是否排放二氧化碳分为两大类，即排放二氧化碳的能源和不排放二氧化碳的能源。排放二氧化碳的能源发电主要包括燃油发电、燃气发电和燃煤发电。不排放二氧化碳的能源发电包括核能发电、水力发电、太阳能发电、风力发电、生物质发电、海洋能发电、城市废物发电等。从表2-1中可以看出2011年到2020年世界非再生能源发电和再生能源发电的占比。

表2-1　2011—2020年全球电力结构汇总

单位：亿千瓦时

项目	2011年	2012年	2013年	2014年	2015年	2016年	2017年	2018年	2019年	2020年
全球发电总量	22257	22806.3	23435.2	24031.7	24270.5	24915.2	25623.9	26659.1	27001	26823.2
燃煤发电量	9144	9168	9633	9707	9538	9451	9806.2	10101	9824.1	9421.4
燃油发电量	1058	1128	1028	1023	990	958.4	870	802.8	825.3	758
燃气发电量	4852	5100	5066	5155	5543	5849.7	5952.8	6182.8	6297.9	6268.1
核能发电量	2584	2461	2478	2525	2571	2612.8	2639	2701.4	2796	2700.1
非再生能源发电量合计	17769（79.8%）	17995.3（78.9%）	18318.2（78.2%）	18625.7（77.5%）	18736.5（77.2%）	18856.9（75.7%）	19575.3（75.0%）	19831.8（74.4%）	19739.7（73.1%）	19147.6（71.4%）
再生能源发电量	4488（20.2%）	4811（21.1%）	5117（21.8%）	5406（22.5%）	5534（22.8%）	6058.3（24.3%）	6408.6（25.0%）	6827.3（25.6%）	7261.3（26.9%）	7675.6（28.6%）

注　数据或有误差。

目前人类能源已经从石油时代进入"碳中和时代",即要求世界各国在 2050 年碳排放为零。清洁能源的发电也就是不排放二氧化碳的能源发电将成为发电的主流。电力清洁化率是衡量一个国家的碳中和的重要指标。其中,电力清洁化率(%)=(核能发电量 + 水力发电量 + 再生能源发电量 + 其他能源发电量)/ 发电总量。根据这一公式,可以计算出世界各国 2020 年电力清洁化程度,电力清洁化程度最高的国家是巴西(86%)。

2.2 业主和承包方信息

2.2.1 业主信息

巴基斯坦电通能源建设股份有限公司。

巴基斯坦位于南亚次大陆西北部,南北跨度为 1600 千米,南部属热带气候,其余属亚热带气候。海岸线长 980 千米。首都为伊斯兰堡,前首都卡拉奇是最大城市。巴基斯坦人口在 2020 年约为 2.08 亿,是世界第六人口大国,其中,95% 以上的居民信奉伊斯兰教,是一个多民族伊斯兰国家。国语为乌尔都语。

目前,巴基斯坦电力行业仍处于发展中阶段,电力供应的形式仍然以火力发电为主,使用的主要燃料是油气。巴基斯坦的可再生能源发电量所占比例较小,仅有 0.4%。然而,巴基斯坦风电资源丰富,发展潜力巨大。巴基斯坦信德省南部、俾路支省和旁遮普省均具备适宜建设风电场的自然环境。由世界银行与巴基斯坦国家输配电公司等政府机构历时 18 个月共同合作完成的报告中建议,巴基斯坦需要加紧扩大太阳能和风能发电规模,要在 2030 年前使太阳能和风能发电量至少达到国家总发电量的 30%,到 2030 年,巴基斯坦需要安装约 24000 兆瓦的太阳能和风能。这将有助于巴基斯坦降低本国电力成本,提升能源安全性,同时减少温室气体排放,以及节省化石燃料发电将消耗的宝贵的水资源。如能大幅增加这些可再生能源使用,未来 20 年巴基斯坦可最多节省 50 亿美元成本,这主要通过减少化石燃料消耗来实现。巴基斯坦可替代能源发展委员会曾表示,巴将大力发展风力发电,计划到 2018 年实现风力发电量 3000~3500 兆瓦,占巴总发电量的 20%~25%。其中,28 个风力发电项目于 2017 年建成完工,产生约 1396 兆瓦发电量。截至 2022 年,巴基斯坦风机安装达 204 万千瓦。

电通能源建设股份有限公司是巴基斯坦最具有战略重要性的电力公司，是从事发、输、配售电业务的垂直一体化上市公司，主要从事发电、储电、输电、配电，以及向城市、城镇、街道、码头、集市、剧院、建筑物及公共和私人场所供电及照明业务。

电通能源建设股份有限公司将要建设的晓龙风电场位于巴基斯坦南部的信德省卡拉奇市东南方向，距离卡拉奇港口约80千米，距离卡西姆（Qasim）港口约55千米，距离海岸线5～6千米，地理坐标为东经67°28′12″～67°30′22″、北纬24°39′30″～24°40′58″，场址面积约20平方千米。晓龙风电场地势平坦，海拔高程一般为2.0～5.0米，相对高差仅3余米，为近海滩涂风电场。从卡拉奇市中心到风电场进场道路约75千米均为国道，进场道路为简易海边滩涂道路，交通便利。

晓龙风电场的总装机容量150兆瓦，由三个装机规模50兆瓦的独立片区组成，各片区安装29台单机容量1.715兆瓦的风电机组，共安装87台，除此之外，每个片区配套建设一座132千伏升压站。升压站布置在各自风电场片区中部，作为风电场控制中心和运行管理人员办公生活基地。升压站内布置控制楼、住宿楼、附属楼、户外主变及高压配电装置、事故油池、无功补偿装置、门卫室、计量室、瞭望塔等建（构）筑物。晓龙风力发电机出口电压690伏经箱变升压为22千伏，采用电缆集电线路引至132千伏升压站，132千伏升压站中22千伏侧接线采用单母线分段接线方式。132千伏侧接线方案采用单母线分段接线，以两回132千伏线路将电能送入巴基斯坦电网。该工程计划总工期24个月。

根据巴基斯坦《电力购买协议》（PPA），其所产生的电力将传输到国家输配电公司（NTDC），为期25年。风电电价为每千瓦时10.4美分，风电项目投资回报可观。电通能源建设股份有限公司2018—2021年的利润如表2-2所示。

表2-2　电通能源建设股份有限公司2018—2021年的利润表

单位：百万巴基斯坦卢比

项目	2018年	2019年	2020年	2021年
总收入	217126.51	289119.07	288807.38	325048.55
收入成本	171829.33	238412.96	244914.08	265853.96
毛利润	45297.18	50706.11	43893.3	59194.59
营业利润	16955.54	15167.37	17095.74	26458.84
税前净收益	13719.25	8882.7	359.11	15345.85
税后净收益	12311.83	17273.62	-2959.21	11998.18

2.2.2 承包方信息

光线智能股份有限公司简称光线智能,经营范围非常广泛,包括水利、电力、公路、铁路、港口、航道、机场、房屋、市政工程设施、城市轨道工程施工、设计、咨询和监理;相关工程技术研究、勘测、设计、服务及设备的制造;电力生产;招标代理;房地产开发经营;实业投资及管理;进出口业务等。光线智能承担国内大中型水电站20%以上的规划设计任务、25%以上的建设任务,占有全球40%以上的大中型水利水电建设市场,是中国水利水电、风电、光伏(热)建设技术标准与规程规范的主要编制修订单位,是中国及全球水利水电行业的领先者。

光线智能积极实施走出去战略,海外市场开拓业绩突出,经过多年的海外市场开拓,构建了较为完整的国际营销体系和目标市场,形成了较强的国际经营比较优势。截至2015年6月末,光线智能在110个国家执行1565项合同,形成了以亚洲、非洲为主,辐射美洲、大洋洲和东欧的多元化市场格局。光线智能精通EPC、融资总承包(FEPC)、建设—经营—转让(BOT)、建设—转让(BT)、BOT+BT、政府和社会资本合作(PPP)等新型商业模式及运营策略,具备驾驭大型复杂工程的综合管理能力,能够为水利水电、火电、风电及基础设施建设等领域提供集成式、一站式服务,为项目创造更大价值,为业主实现更多回报,与业主共同成长。光线智能的利润在2018—2020年获得了稳步的增长,如表2-3所示。

表2-3 光线智能2018—2020年的利润表

单位:亿元人民币

项目	2018年	2019年	2020年
营业总收入	2953	3488	4020
营业总成本	2810	3331	3839
营业成本	2511	2990	3441
销售费用	9.546	11.06	10.78
管理费用	104.1	114.4	114.8
研发费用	92.49	112.9	152.7
财务费用	64.38	75.11	95.73
营业利润	126.0	136.5	162.3
利润总额	127.5	136.9	162.1
净利润	99.24	106.0	127.4

光线智能在项目管理过程中积极履行社会责任，从项目管理、环境保护、人文关怀、社区服务和文化建设方面融入当地并与之共同发展，扎实推进海外项目，为项目顺利执行以及市场经营营造良好的发展环境。通过在当地修建学校、卫生设施，为当地居民提供食物、饮用水等生活用品以及基本的体检和医疗服务，真真切切地给当地人带来了实惠与温暖。

2.3 谈判动因

2021年3月，巴基斯坦电通能源建设股份有限公司按照法律规定程序对本项目进行国际公开招标。2021年4月，光线智能等公司向巴基斯坦K-Electric Limited提交了资审文件；同年5月19日，光线智能收到巴基斯坦K公司发来的通过资审的通知。同时通过资审的共有5家公司，分别是：光线智能股份有限公司、中国电力技术进出口公司＋国家能源投资集团有限责任公司、中国广西投资集团、日本三井公司和加拿大Experco International公司。2021年6月10日，光线智能购买了标书文件，6月12日，参加了标前会议，8月15—22日，光线智能组织项目考察小组对晓龙风电场进行了现场考察，并收集了大量项目资料。2021年9月至2022年1月，光线智能组织编制了投标文件，进行了施工技术专家论证，完成了投标文件的编制工作。2022年1月17日，光线智能向巴基斯坦电通能源建设股份有限公司提交了全套标书文件。2022年1月23日，巴基斯坦电通能源建设股份有限公司及参加投标的各公司代表在巴方公司会议室进行开标。

在开标会议室中，只有两家中国公司参加，即光线智能及国家能源投资集团有限责任公司＋中国电力技术进出口公司联营体。而已经通过资审的中国广西投资集团、日本三井公司和加拿大公司没有参加投标。根据原招标文件的规定，商务标需要在技术标评估完成以后才能公开，但由于只有两家公司参加投标，在开完技术标后，电通能源建设股份有限公司主动提出建议当场开商务标，两家中资公司同意了巴方的建议。最终电通能源建设股份有限公司评标委员会评定光线智能的技术标最优，商务标融资结构基本合理，光线智能直接进行合同谈判。

2.4 业主和承包方谈判目标

电通能源建设股份有限公司与光线智能进行合同谈判,以确定合同中的各项条款。

2.5 案例准备

准备1:电通能源的谈判目标及内容。
准备2:光线智能的谈判目标及内容。
准备3:电通能源的最低报价的确定。

第2部分
融资租赁谈判案例

第3章　中美公司关于飞机的融资租赁谈判

3.1　飞机租赁背景

融资租赁起源于美国，后逐渐扩展到世界各国，成为最具活力和前景的行业。中国在2016年融资规模一举超越美国，成为世界租赁业第一大国。中国于1981年成立了第一家融资租赁公司，截至2021年，已经有融资租赁公司12000多家，其中有金融租赁企业70家、内资租赁企业400多家、外资租赁企业11000多家。这三类企业融资租赁业务量基本平分秋色。

传统的租赁市场主要集中在资金密集型行业，如航空领域、海工领域和装备制造业。其中，航空租赁是租赁业的"压舱石"，近年来，飞机租赁市场获得了前所未有的发展。从全球航空公司的角度来看，大约2/3的机队通过购买取得，其中使用公司自有资金购买飞机占到了1/3，使用银行贷款资金购买占到了另外的1/3；还有1/3的机队通过租赁的方式引进。飞机租赁市场的快速发展主要受益于两个方面：一是长期经济增长带来资本的极大丰富，大量的资本需要寻找长期稳定的投资回报，而飞机具有单价高、流通好、保值性较好等特征，因而，飞机是最好的资本投资品；二是飞机价值昂贵，自购方式投入巨大、占用较多现金流、使用银行资金购买也会大幅增加航空公司的负债，然而，航空租赁可以帮助航空公司拓展融资渠道，缓解贷款压力。所以，飞机租赁不仅在国际市场获得了快速发展，也在中国市场获得了高速发展。

飞机租赁公司主营的业务有两种，即经营性租赁和融资性租赁。如表3-1所示，2021年，中国三大航空公司租赁飞机的占比已经超过60%，经营租赁和融资租赁几乎并驾齐驱。通过两种租赁模式，中国航空租赁机队实现了快速增长。飞机租赁不仅有民航运输，还有公务机市场以及直升机市场。

表3-1 2021年中国三大航空公司租赁飞机情况

公司名称	合计运营/架	自有飞机/架	融资租赁/架	经营租赁/架	租赁占比/%
中国国际航空股份有限公司	748	302	236	210	60
中国东方航空股份有限公司	752	261	275	216	76
中国南方航空股份有限公司	880	291	283	306	67

飞机租赁业务的快速发展诞生了一批飞机租赁巨头，国外知名飞机租赁公司有荷兰埃尔凯普飞机租赁公司（AerCap Holdings N.V.），三井住友飞机租赁公司（SMBC Aviation Capital）、北欧航空资本租赁公司（NAC）等飞机租赁公司。中资有名的飞机租赁公司分为四类，第一类是银行系金融租赁公司，以工银租赁、国银租赁为代表；第二类是航空公司附属租赁公司，以海航集团旗下的渤海租赁为代表，渤海租赁通过收购 Avolon 租赁公司 100% 股权成为全球第三大飞机租赁公司；第三类是飞机制造商附属租赁公司，国内只有一家，即中航工业集团下属的中航租赁；第四类是独立飞机租赁公司，国内主要有三家，即中国飞机租赁公司、奇龙航空租赁有限公司和朗业国际租赁有限公司。

3.2 出租方资料：AerCap

AerCap 公司注册地在荷兰，总部位于爱尔兰首都都柏林，在美国纽约证券交易所上市。AerCap 于 2021 年 11 月完成了对全球最大的飞机租赁公司——通用电气商业航空服务公司（GECAS）的并购，一跃成为飞机租赁和航空金融领域的全球领导者。AerCap 目前资产总值约 750 亿美元，如表 3-2 所示，截至 2021 年 12 月 31 日，AerCap 拥有飞机 1756 架，管理飞机 196 架，世界上最省油的新技术飞机的订单 417 架，按账面净值加权的自有机队平均机龄为 7.1 年，加权平均自有飞机使用率为 94%；拥有和管理发动机超过 900 台，客户超过 75 家；拥有和订购直升机 355 架。这些飞机分别为干线客机的窄体机与宽体机，窄体客机主要是美国波音的 B737 系列和欧洲空客的 A320 系列，两舱布局可以搭载乘客 162 人左右；宽体机主要是波音的

B787-8/9/10 这三款梦想客机，3 舱标准布局座位从 223 座到 330 座。AerCap 的规模和行业领先的团队，使该公司能够在租赁业务中提供无与伦比的全面和量身定制的机队解决方案。合并后的 AerCap 成为空客和波音制造的喷气式客机的最大买家，在购买飞机时拥有更大的议价能力。

表3-2　AerCap2021年航空资产情况

单位：架

机型	自有飞机	管理飞机	新机订单	总数量
客机	1685	189	417	2291
空客 A220 系列	1	—	10	11
空客 A320 系列	530	76	—	606
空客 A320neo 系列	312	15	265	592
空客 A330	74	10	—	84
空客 A330neo 系列	—	—	12	12
空客 A350	44	6	—	50
波音 737MAX	45	1	67	113
波音 737NG	366	79	—	445
波音 777-200ER	21	—	—	21
波音 777-300/300ER	49	1	—	50
波音 787	99	1	25	125
巴西航空工业 E190/E195/E2	73	—	33	106
其他	71	—	5	76
货机	71	7	—	78
波音 737	45	7	—	52
波音 747/767/777	26	—	—	26
全部	1756	196	417	2369

AerCap 通过现有机队和波音、空中客车和巴西航空工业公司签订的飞机订单和售后回租交易，向承租方提供新的和二手商用飞机。AerCap 机队发展战略的核心要素是购买在产、省油的飞机设备。AerCap 专注于采购新的或接近新的单通道飞机和精选宽体飞机。AerCap 通过直接从厂家采购、从其他飞机所有者和投资者处购买以及与航空公司的售后回租交易方式使机队保持年轻。

AerCap 非常重视客户关系维护，为全球 80 多个国家、近 300 家航空公司提供优质的资源和服务。该公司披露的 2021 年前五大租赁客户有美国航空、中国南方航空股份有限公司、法国航空、巴西蔚蓝航空和埃塞俄比亚航空，来自这五家航空公司的租赁收入分别为 7.6%、7.1%、4.9%、4.7% 和 3.2%，合计约占 AerCap 整体租赁收入的 27.5%。如表 3-3 所示，从地域上来说，亚太、俄罗斯和欧洲航空市场是 AerCap 租赁业务的两大主力市场。

表3-3 AerCap2019—2021年租赁收入的全球主要市场占比

单位：%

地区	2019 年	2020 年	2021 年
亚洲、太平洋、俄罗斯	38	38	36
欧洲	28	27	26
美国、加拿大、加勒比	13	14	16
拉丁美洲	11	11	12
非洲、中东	10	10	10
总计	100	100	100

虽然 AerCap 通过获取新旧飞机的价格优惠条件、获得长期融资的能力、飞机资产的租赁利润、最大限度地减少租赁资产的空置期和相关的维护费用以及适时出售飞机等措施提升公司的盈利能力，AerCap 在 2018 年、2019 年、2020 年和 2021 年的净资产收益率分别是 5.24%、4.51%、9.74% 和 7.87%。2021 年，AerCap 签署了 311 份租赁协议，完成了 65 笔购买，并执行了 62 笔销售交易，然而，正如表 3-4 所示，该公司的业绩增长仍然乏力。

表3-4　AerCap2018—2021年综合损益表

单位：亿美元

项目	2018 年	2019 年	2020 年	2021 年
收入总额	48.00	49.37	44.94	52.24
租赁收入	45.37	46.82	43.21	45.01
经营支出总额	36.49	35.97	46.65	40.78
租赁费用	4.47	2.88	3.24	3.19
一般及行政费用	3.05	2.68	2.42	3.18
折旧和摊销	16.79	16.76	16.45	17.38
利息支出	11.74	12.95	12.48	12.30
其他支出项目	0.44	0.70	12.05	4.73
净利润	10.17	11.67	-2.95	10.09

3.3　承租方资料：江南航空有限公司

截至 2021 年 5 月，中国大陆地区共有 58 家航空公司，如果按照拥有的机队为标准进行排序，排名前三位的是中国南方航空股份有限公司、中国东方航空股份有限公司、中国国际航空股份有限公司，这三家航空公司拥有的机队均超过 400 架。另外，我国港、澳、台地区还有 14 家航空公司。我国大陆的运输机场稳步发展，共有 235 个，港、澳、台有 17 个运输机场，排名前三位的分别是新疆、四川和云南。除此之外，已取证的通用机场有 183 个。

江南航空有限公司（以下简称"江南航空公司"）成立于 1990 年，注册资本 10 亿元，总部位于中国国际化大都市上海，是中国首家按现代企业制度运行的民营资本独资经营的航空公司。经过 31 年的持续发展，江南航空公司现已成为中国民航独具特色的航空公司。江南航空公司现拥有总资产超过 380.1 亿元，净资产超过 134.3 亿元，资产负债率约为 64.67%。在国际航协 240 多家成员航空公司中，江南航空公司的利润总额名列前 20 位，收入利润率更是进入前 10 位。

在保障安全的前提下，江南航空公司注重运行准点与服务品质，尊重旅客的选择权，为旅客提供多种实惠的出行产品，让旅客"只花该花的钱"。江南航空公司是中国民营航空公司中第一家获得民航局安全星级评定荣誉的公司。江南航空公司经中国企联信用评价委员会审核并在中国企业诚信网等网站和媒体公示后，被评定为"AAA级信用企业"。中国企联企业信用评价工作是在商务部和国务院国资委的领导和授权下开展的，评定结果将报商务部和国务院国资委备案，其中"AAA级"为中国企业信用的最高级别。

2017—2021年，连续五年在中国大陆大中型航空公司到港准点率排名第一。2018—2021年，江南航空公司成为唯一连续四年荣获民航局"四率"（安全、准点率、旅客满意度、航班执行率）标准全A的航空公司。

目前，江南航空公司已拥有108架飞机（102架空客A320系列飞机和6架波音737系列飞机），平均机龄6年，是世界上最年轻的机队之一。江南航空公司目前运营国内外航线近350条，航线网络覆盖全中国、辐射东南亚和东北亚，随着阿姆斯特丹、悉尼、纽约、洛杉矶等洲际航线的陆续开通，实现了航线网络对欧洲、美洲和大洋洲的全覆盖。在此背景下，江南航空公司2019年、2020年和2021年的净资产收益率分别是14.13%、4.58%和3.73%。该公司的资产负债表和利润表如表3-5和表3-6所示。

表3-5　江南航空公司2019—2021年的资产负债表

单位：亿元人民币

项目	2019年	2020年	2021年
货币资金	2.31	2.84	2.12
流动资产合计	14.32	15.34	17.77
非流动资产合计	31.24	32.01	31.45
资产总计	45.56	47.35	49.22
流动负债合计	5.81	7.35	7.38
非流动负债合计	0.17	0.12	0.91
负债合计	5.98	7.47	8.29
归属于母公司权益合计	37.36	37.50	38.37

表3-6　江南航空公司2019—2021年的利润表

单位：亿元人民币

项目	2019 年	2020 年	2021 年
营业总收入	17.85	12.35	12.47
营业总成本	11.17	10.30	11.35
利润总额	7.16	2.53	2.20
净利润	5.37	1.88	1.64

3.4　谈判动因

江南航空公司为了加快洲际航线网络的覆盖，在市场向好的情况下，开拓新航线，助力"一带一路"倡议，加速布局至东南亚的国际航线网络，计划开通六条东南亚国际航线，如图 3-1 所示。

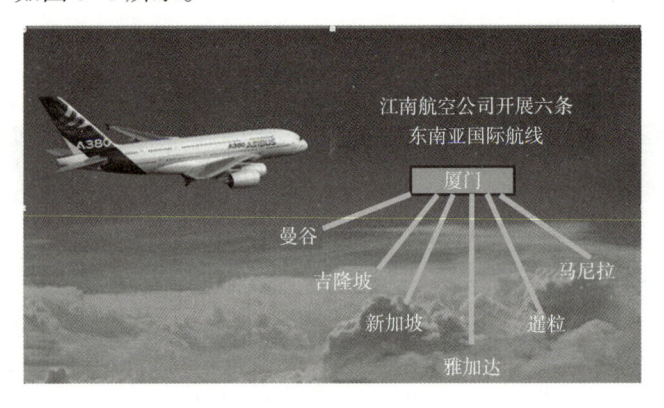

图 3-1　江南航空公司计划开辟的六条新航线

江南航空公司为了实现这一目的，这次的租赁没有像三大航空公司（即中国国际航空股份有限公司、中国东方航空股份有限公司、中国南方航空股份有限公司）那样采用招标的方式，而是将自己的需求发给四家知名飞机租赁公司，分别是 AerCap、SMBC Aviation Capital、工银金融租赁有限公司和中银租赁有限公司，提出和这些公司展开关于业务模式、价格、期限等条款的谈判，江南航空公司将根据谈判情况择优选择合作方。

3.5 谈判目标

双方的谈判团队根据下面的具体要求并结合现实情况模拟此次谈判，完成谈判的各项目标。

3.5.1 出租方的谈判目标

AerCap 在中国的上海办事处的执行副总裁古小雪接到这一谈判邀请非常高兴，迅速组成了一个专业的谈判团队，包括业务部的经理、财务人员和法务人员。古小雪认为，保守估计未来 15 年中国飞机租赁市场总值近 4000 亿美元，目光紧盯着这一块飞机租赁大蛋糕市场的，不仅有国外的飞机租赁巨头，如 AerCap、SMBC Aviation Capital 等，还有来自中国国内知名飞机租赁新秀，比如工银金融租赁有限公司和中银租赁有限公司，这些后起之秀同样不可小觑，这些中国国内飞机租赁公司自成立以来，纷纷加入与外资巨头的竞争，抢占中国国内飞机租赁市场，中资租赁公司占国内市场的份额也一路攀升，从几乎为 0 到超过 40%，所以，古小雪和她的团队对这次的谈判志在必得。

古小雪和她的团队仔细研究了江南航空公司，认为该航空公司资质很好，希望能够采用融资租赁的方式，即使对方采用经营租赁的方式，第一期的租赁时间越长越好，最好不低于 12 年，至于飞机的购买价格，该团队认为他们具有先天性的优势，毕竟，自己是波音和空客的长期稳定客户，订单量也远非一般租赁或者航空公司可比，结合空客 2021 年的目录价格，古小雪充分考虑了各种税收（表 3-7），认为他们可以把每架飞机价格压到 1 亿美元以内。飞机交付的时间也是该公司的一大优势，可以做到一年以内交付。如果江南航空采用融资租赁，那么租金的收取方式为后付；如果是经营租赁，时间低于 8 年，则采用先付的方式。除此之外，古小雪和她的团队也需要结合现实以及三份附件来确定其他谈判条款。

表3-7 航空租赁市场税务情况概览

税种	征税机关	税率	纳税义务人	代扣代缴义务人
进口关税	海关	商用飞机(15～45吨)为5%；公务机及通航飞机(2～15吨)为4%；2吨以下以及45吨以上适用其他税率（民航飞机每减重5千克，每年可以节省30万美元的燃油费用）	飞机承运人	—
增值税		16%		
预提所得税	税务部门	根据出租人所在国与中国是否有相关税收协定，使用不同税率，10%、6%或其他税率	境外租赁公司	飞机实际承运人
城建、教育费附加		分别为7%和5%		

3.5.2 承租方的谈判目标

六条新航线的开辟，对于江南航空公司来讲是目前的头等大事。"千里之行，始于足下"，考虑到资金的问题，江南航空公司一致同意使用租赁的模式引进12架飞机。经过慎重考虑，公司将此次引进新飞机的任务交给了飞机选型租售管理部经理陈惠芬。陈惠芬决定利用自己丰富的谈判经验，不采用招标的方式，而是采用谈判的方式来租赁这12架飞机。她对比了不同飞机的优势，如表3-8所示，并将江南航空公司的租赁飞机意向发给了四家飞机租赁公司，希望在接下来的谈判中让对方互相施加压力，以便从中获利。

表3-8 空客A320neo、C919、波音737-800对比

Details about A320neo
A320neo: single-aisle leader: the A320neo Family will offer up to 20 per cent savings in fuel burn per seat by 2020, two tonnes of additional payload, 500 nautical miles of more range, lower operating costs, along with a nearly 50 per cent reduction in engine noise and NO_x emissions 50 per cent below the current industry standard. A key contributor to the NEO's performance is Sharklets which result in up to four per cent reduced fuel burn over longer sectors, corresponding to an annual reduction in CO_2 emissions of around 900 tonnes per aircraft.

Continued

Overall length: 37.57 m	Max seating: 194	Range: 6300 km
Cabin length: 27.51 m	Typical seating 2-class: 150-180	Max ramp weight: 79.40 tonnes
Max cabin width: 3.70 m	Height: 11.76 m	Max take-off weight: 79.00 tonnes
Wing span (geometric): 35.80 m	Cruise: 0.78 mach/838 km per hour	Engine: CFM International's LEAP-1A and the Pure Power PW1100G-JM
Details about C919 C919 aircraft is a large civil jet aircraft independently developed by China in accordance with international civil aviation regulations, and owns independent intellectual property right.		
Overall length: 38.9 m	Typical seating 2-class: 158-168	Range: 4075-5555 km
Max cabin width: 3.70 m	Height: 11.95 m	Max ramp weight:
Wing span (geometric): 35.80 m	Cruise: 0.78 mach/838 km per hour	Max take-off weight: 77.30 tonnes
Cabin length:		Engine: CFMLEAP-1C
Details about Boeing next generation 737-800		
Overall length: 39.5 m	Max seating: 189	Range: 5370 km
Wing span (geometric): 35.80 m	Typical seating 2-class: 160-175	Max take-off weight: 78.24 tonnes
Height: 12.5 m	Cruise: 0.785 mach/848 km per hour	Engine: CFM56

陈惠芬召集了飞机选型租售管理部几个久经谈判沙场的人员组成了谈判团队，包括常年法律顾问陈营会、租售管理部副经理高惠洪，高副经理有着 20 年的财务管理经验，还有从机务部暂时借调的程皓经理。团队经过一天的讨论，决定租赁 12 架空客的 A320neo 飞机，首先，因为江南航空公司本身已经拥有了 102 架空客的 A320 系列飞机，公司在管理和维修此类机型方面已经积累了相当多的经验，这无疑能够节省一大笔费用；其次，空客的 A320neo 也是窄体机里保值性和流动性最好的一款飞机。至于租赁的方式，陈经理此次打算采用经营租赁方式，租期为 6 年。6 年可以使飞机定检大修的费用得到控制。关于购机的价格，陈经理的团队可以从空客的飞机目录价格查找到 A320neo 这款机型的价格，如图 3-2 所示。

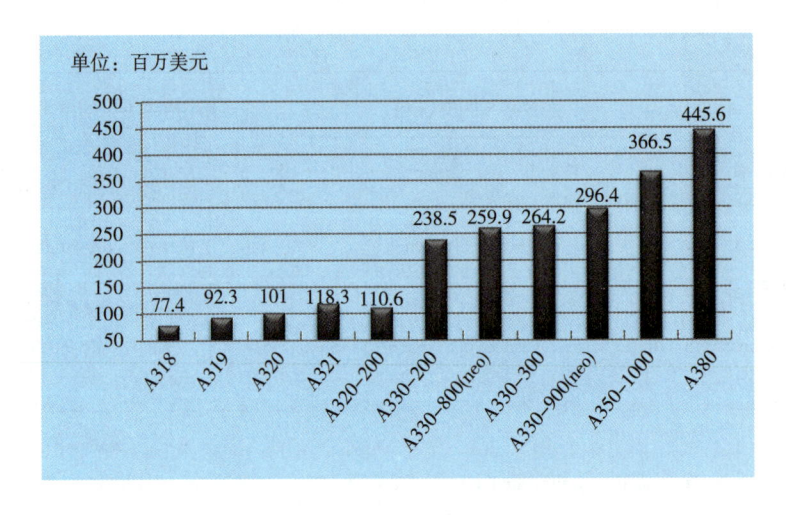

图 3-2　空客部分飞机型号目录价格（单位：百万美元）

但是，目录价格只是一个参考价格，飞机制造商都会给出一定的折扣，所以，飞机真实的价格是由市场行情、竞争压力、双方谈判以及订单数量来决定的，而且，波音和空客历来对中国的卖家实行价格歧视的政策，无论是租赁公司还是航空公司，中国公司从波音和空客拿到的飞机价格都要比西方公司贵15%～20%，也就是说，窄体机至少贵500万美元，宽体机至少贵1000万美元。AerCap公司与波音和空客保持着良好的合作关系，一定能从空客公司拿到更加优惠的价格。鉴于此，陈经理和她的团队将飞机售价目标定为每架飞机不超过1亿美元，当然，越低越好。

租赁合同的谈判条款涉及20多项，包括飞机交付、租期、租金、保证金、维修储备金、付款、转租、飞机维修与保养、发动机及其他部件串件、保险、税务、租赁转让、出租人遵守、承租人遵守、制造商承诺、违约事件、保证与担保、免责条款、适用法律、前提条件与后续条件、飞机退租，以及合同的成立、生效、变更、解除和终止，陈经理的谈判团队也需要结合现实以及三份附件完成其他条款的谈判。

3.6　谈判准备

准备1：江南航空公司的谈判内容及目标。

准备2：江南航空公司如何确定租赁形式、租赁期以及租金的最高金额。

准备3：AerCap公司的谈判内容及目标。

准备4：AerCap公司如何确定租赁形式、租赁期以及租金的最低金额。

3.7　融资租赁合同范本参考

融资租赁(直租)合同

出租方(以下简称"甲方")：＿＿＿＿＿＿＿＿＿＿

注册地址：＿＿＿＿＿＿＿＿＿＿＿＿＿＿＿

电话：＿＿＿＿＿＿＿＿＿　传真：＿＿＿＿＿＿＿＿＿

公司负责人：＿＿＿＿＿＿＿

承租方(以下简称"乙方")：＿＿＿＿＿＿＿＿＿＿

注册地址：＿＿＿＿＿＿＿＿＿＿＿＿＿＿＿

电话：＿＿＿＿＿＿＿＿＿　传真：＿＿＿＿＿＿＿＿＿

法定代表人：＿＿＿＿＿＿＿

填写说明

1. 本合同适用于我司开展的直接租赁业务。

2. 合同中所有带有 [　] 的条款，均须根据其下面列明的内容填写相应的选项编号。

3. 合同中所有带有 [　] 的空白项，需根据项目的实际情况进行填写，填写完毕后将 [　] 删除。文字使用必须规范，不得任意简写、缩写。不需填写处，应以斜杠线填充。不得自行涂改、删减注释合同内容。

4. 合同有关当事人的名称须与当事人营业执照上的企业法人名称及法人公章相符；个人姓名须与其本人身份证相符；代理人签字时要注明"(代理)"。

5. 合同中第五条、第六条、第十五条等条款需要根据交易的具体情形选择适用，如交易中不采用担保形式，则第十五条不适用，如交易中不需承租人缴纳租赁保证金和租赁手续费，则第五条和第六条不适用。

根据中华人民共和国有关法律、法规的规定，双方经过协商，一致同意按以下条款订立融资租赁合同(以下简称"本合同"或"租赁合同")。

第一条　交易的性质目的及租赁物

1.1 甲乙双方依本合同进行融资租赁交易：出租人根据承租人的要求及承租人对

出卖人和租赁物的完全自主选定，向出卖人购买租赁物，出租给承租人使用；承租人以获得租赁物的所有权为目的，按本合同条款向出租人租用租赁物并向出租人支付租金。

1.2 本合同项下租赁物具体是指本合同附件一（略）"租赁物清单"中所列的设备/不动产（以下简称"租赁物件"）。该租赁物件由甲方出资根据乙方的指定意愿从乙方指定的出卖人处购买，并专用于出租给乙方使用，租赁物件的名称、型号规格、技术性能、质量、数量等条件应与附件一的要求一致。

第二条　起租日和租赁期限

2.1 本合同的租赁期限为 [　　] 年，起租日为甲方向出卖人支付首笔租赁物件转让价款的当日（起租日由资金从甲方账户汇出的时间确定，不受银行在途等因素影响）。

2.2 租赁起止日见双方在附件三"实际租金支付表"中的约定。

第三条　租赁成本

租赁成本是指甲方向出卖人购买租赁物件所支付的全部货款、税金及其相关费用，以上金额除税金外均含增值税。本合同项下租赁物件的租赁成本为人民币 [　　] 元整（数字小写元）。

第四条　租金

4.1 租金是指依据本合同的约定乙方应向甲方支付的租金，它由购买租赁物的租赁成本（"本金"）与基于租赁成本、租赁利率所计算的本金的利息（"租赁利息"）构成，其中租赁利率是计算租金所适用的利率。租金、租赁利率应由乙方实际负担的增值税金额、支付日期及次数、每期支付金额等在"租金支付概算表"（附件二）及"实际租金支付表"中载明，实际支付时，"租金支付概算表"与"实际租金支付表"规定不一致的，以"实际租金支付表"为准。

双方确认，"租金支付概算表"中的租金概算是假设 [　　] 年 [　　] 月 [　　] 日（甲方预计支付首笔租赁物件转让价款之日）为起租日，以估计的租赁物购买价款及估算的相关费用为租赁成本计算的；租赁物件购买价款实际支付后，甲方应以实际首笔租赁物件转让价款支付日为起租日，按实际产生的租赁成本另行制作"实际租金支付表"，并交乙方签署。"实际租金支付表"不构成对本合同的修改，是本合同不可分割的部分，乙方不签署"实际租金支付表"不影响该表的效力。

乙方须保证按"实际租金支付表"中规定的租金、币种、支付次数及日期将租金支付至甲方指定的银行账户。账户信息如下，若账户信息变更，甲方应书面通知乙方。

账户名：

开户行：

账号：

4.2 乙方应于本合同约定的每期租金到期日之前在相应账户备足当期应付租金，并确保租金到期日前租金足额到达甲方指定账户，如遇法定节假日，则乙方应提前至节假日前的最后一个工作日内完成租金支付事宜。租赁利息均计算至每笔租金约定的租金到期日，以每年360天计算，按日计息，计算公式如下：租赁利息＝未还租赁本金 × 实际天数 × 租赁利率/360。

4.3 租赁利率按下列第 [ ] 种方式确定：

①中国人民银行公布的 [ ] 年期基准贷款利率，即 [ ] %/年；

②中国人民银行公布的 [ ] 年期基准贷款利率下浮 [ ] %，即 [ ] %/年；

③中国人民银行公布的 [ ] 年期基准贷款利率上浮 [ ] %，即 [ ] %/年；

④协商确定的 [ ] %/年。

双方确认，本合同所采取的租金形式为以下第 [ ] 种方式：

①定租金，即在租赁期限内租金不做调整；

②浮动租金，即本合同有效期内，如遇中国人民银行同期基准贷款利率调整时（上浮/下浮）已偿还本金部分利率不再调整，甲方有权自主（且无须征得乙方同意）对基准利率调整后本合同项下未到期租金的租赁利率作相应调整，调整幅度与基准利率的调整幅度相同。因租赁利率发生调整而使得本合同"实际租金支付表"所确定的租金金额发生的变化，甲方应在变更租金事由发生之日起10个工作日之内以"租金变更通知书"（附件五）通知乙方，乙方在此同意无条件按照"租金变更通知书"的规定向甲方支付租金。"租金变更通知书"与"租金支付概算表""实际租金支付表"规定不一致的，以"租金变更通知书"为准。"租金变更通知书"也是本合同不可分割的一部分。

4.4 乙方要求提前归还租赁本金的，按下述第 [ ] 条约定执行：

①须严格按照"实际租金支付表"的约定执行，不得提前归还租赁本金。乙方未经甲方同意提前还款的，甲方有权拒绝收取提前还款资金，并追究乙方的违约责任。

②乙方可以提前归还租赁本金，在提前30天向甲方提出书面申请并取得甲方书面同意后，双方按重新约定的方式执行租赁本金的归还，并重新制定并签署"实际租金支付表"。对因此给甲方带来的租金损失，乙方应按以下约定进行补偿：补偿金

额＝提前还款金额×[　　]%×提前还款天数，该补偿金在提前还款时与应付利息及本金一并支付。

4.5 乙方未按期、足额支付到期租金的，视为违约行为，应承担本合同第[　　]条约定的违约责任，从保证金中依次扣减违约金及租金。

4.6 除因不可抗力事件造成本合同不能履行的以外，承租人不得因任何原因（包括但不限于租赁物灭失或毁损等）停止履行向出租人支付租金的义务。

4.7 甲方应在收到乙方所支付的租金后 30 日内，向乙方开具增值税专用发票。乙方增值税发票开具信息如下：

单位名称：

地址：

电话：

税号：

开户行：

账号：

第五条　租赁手续费

5.1 乙方于本合同签订后的 5 个工作日内向甲方指定的账户一次性支付人民币[　　]元（数字小写，即租赁成本的＿＿＿＿＿＿％，其中增值税为＿＿＿＿＿＿元），作为本租赁项目手续费，由甲方向乙方开具增值税专用发票。

5.2 甲方指定的账户信息。

第六条　租赁保证金

6.1 乙方于本合同签订后的 5 个工作日内向甲方指定的账户支付人民币元[　　]元（数字小写，即租赁本金的＿＿＿＿＿＿％）作为履行本合同的保证金，由甲方向乙方开具等额保证金收据。

6.2 本合同项下的保证金均不计利息。乙方违反本合同任何条款时，甲方有权直接从租赁保证金中扣除乙方根据本合同应付的租金、违约金、损害赔偿金及其他应付费用。乙方应根据甲方的补足租赁保证金的通知及时补足租赁保证金，若乙方未按要求补足租赁保证金，甲方有权使用乙方其后每次交付的租金优先补足保证金。

6.3 在甲方完全履行本合同项下所有义务后的 10 个工作日内，甲方须向乙方返还租赁保证金（不计利息）。如甲方延迟返还租赁保证金，应按延迟支付款项的日万分之五向乙方支付违约金。甲方亦可将租赁保证金冲抵最后一期应付租金，如冲抵后仍不足以支付最后一期应付租金，则不足部分应由乙方补足；如冲抵后尚有余额，则甲方应将余额返还乙方。

6.4 甲方指定的账户信息。

第七条　租赁物的购买

7.1 乙方根据自己的需要自行选定租赁物的出卖人和租赁物（包括但不限于型号规格、数量、质量、技术性能和售后服务、交货时间等全部技术条件和商业条件），乙方对自己的选择及决定承担全部责任。若出卖人不能履行、不能完全履行、迟延履行或履行不符合本合同规定条件的，包括但不限于买方交付设备迟延、所交设备的品质规格、技术性能和数量等条件不符合购买合同的规定等情况，甲方有权将对出卖人的索赔权转让给乙方，索赔权转让后，乙方直接向出卖人索赔，索赔的费用和结果，均由乙方承担和享有。因乙方的过错造成索赔逾期的，甲方不承担责任。

甲方根据乙方的选定与要求与出卖人订立租赁物买卖合同，乙方在买卖合同上签字即代表其接受买卖合同的全部条款。

7.2 乙方须向甲方提供甲方认为必要的各种批准和许可证明、单据和凭证等。按照国家法律法规规定租赁物的权属应当登记的，乙方须协助甲方办理相关登记手续。

7.3 因甲方购买本合同项下的租赁物所发生的税费等均由乙方承担并支付，但在买卖合同中约定由出卖人承担前述费用的除外。

第八条　租赁物的交付使用与设置场所

8.1 租赁物件由出卖人根据买卖合同所约定的时间、地点和方式直接向乙方或承租人指定的代理人交付。乙方不得以任何理由拒绝接收租赁物。

8.2 乙方应在收到租赁物件后的 5 个工作日内向甲方提交由乙方法定代表人或授权代表签字并加盖乙方公章的"租赁物接收确认单"（附件六）及"租赁物清单"，如租赁物件接收后 5 个工作日内乙方未签署"租赁物接收确认单"及"租赁物清单"送交给甲方的，则视为乙方已经接收租赁物。

8.3 如出卖人迟延交付租赁物，乙方应按照买卖合同的规定直接向出卖人主张权利，甲方不承担任何责任。

8.4 租赁物的设置场所为 [　　]。在本合同有效期间，未经出租人书面同意，承租人不得变更租赁物的设置场所。

第九条　租赁物瑕疵的处理

9.1 由于租赁物及出卖人由乙方决定，表明乙方对租赁物件已有充分的了解，在乙方签署"租赁物接收确认单"后，甲方不承担任何瑕疵的担保责任，质量保证期内出现任何质量瑕疵，由乙方自行与出卖人协商解决。

9.2 即使出现本条 9.1 的情况，亦不影响乙方在本合同项下对甲方所承担的义务和责任。

第十条 租赁物的所有权和使用权

10.1 在租赁期间，租赁物件的所有权（此所有权及于租赁物件的从物、从权利、孳息以及针对租赁物所专有的程序、软件、授权许可、技术资料等）归属于甲方，乙方在租赁期间享有对租赁物的占有和使用权。未经出租人书面同意，乙方不得在租赁期内将租赁物销售、转让、转租、抵押、质押、投资入股、抵偿、设立诉讼担保，或以其他任何方式侵害出租人对租赁物的所有权，甲方也不得将租赁物件出售、出租、赠予其他人。未经甲方书面同意，不得将租赁物件迁离设置场所。

10.2 乙方在租赁期限内对租赁物件有充分和排他的占有权以及与之不可分割的使用权，而不受乙方法人地位或股权结构任何改变的影响。

甲方应当保证乙方对租赁物的占有和使用。甲方有下列情形之一的，乙方有权请求其赔偿损失：①无正当理由收回租赁物；②无正当理由妨碍、干扰乙方对租赁物的占有和使用；③因甲方的原因致使第三人对租赁物主张权利；④不当影响乙方对租赁物占有和使用的其他情形。

第十一条 租赁物件的保管、维修、保养义务

11.1 乙方负有对租赁物件保管、维修、保养的责任，以确保租赁物件正常的状态和功能。由此产生的全部费用由乙方承担。如乙方需要改动租赁物的外形、结构的，应当书面通知出租人并征求其书面同意，且不得影响原使用功能，因改造所增加的与租赁物不可分割或如果分割会导致租赁物功能减损的部件及/或软件，所有权亦自动无偿归甲方所有。

甲方在遵守有关法律，且在不影响乙方正常使用租赁物的情况下，有权随时检查租赁物件的使用和保养情况，乙方应提供检查所需便利条件。

11.2 乙方需要更换租赁物件的零部件时，应尽量使用原制造厂家生产的同规格、同型号零部件。若采用代用件，乙方应征得甲方书面同意，使用符合租赁物技术条件及性能的代用件，且应保证代用件的使用不会对租赁物的价值造成减损，并承担所需一切费用。

11.3 承租人应妥善使用、保管租赁物，采取定期维修和不定期检查等措施，其标准不得低于国家或同行业的有关规定或习惯，并承担所需一切费用。除合理的损耗及甲方同意对设备改造外，乙方应当使租赁物件处于交付时的状态。

11.4 乙方在占有、使用租赁物期间，如租赁物件造成第三人的人身伤害或者财

产损害，一切责任均由乙方承担，甲方不承担任何责任。若甲方因此遭受任何损失，则乙方应于接到甲方通知后5个工作日内予以全部赔偿。此损失包括损失本身及有关合理的直接费用，包括但不限于利息、滞纳金、诉讼费、保全费、审计费、评估费、鉴定费、政府规费、律师费等。

第十二条　租赁期满后租赁物的处理

租赁期满且乙方履行完毕本合同项下的全部义务后，双方按下列第[　　]种方式处理租赁物。

12.1 乙方以名义价款购买租赁物：租赁期满后的[　　]个工作日内，乙方应向甲方支付人民币[　　]元(数字小写，其中含增值税_____元)的名义价款购买租赁物。在收到乙方支付的名义价款后，甲方将租赁物的所有权转让给乙方或乙方指定的第三方，并出具名义价款发票和"租赁物所有权转让函"（附件七）。

12.2 续租：乙方可继续租赁该租赁物，续租事宜由双方另行商定并签署书面协议。

12.3 返还租赁物：乙方于本合同到期后[　　]日内将租赁物返还甲方，并保证租赁物完好无损（正常磨损的情况除外）。

第十三条　租赁物的毁损及灭失

13.1 租赁物件在交付给乙方后的毁损、灭失风险，由乙方承担，而无论其是否实际占有租赁物件。无论何种原因造成租赁物件的毁损、灭失，乙方不得延迟或拒绝支付租金及本合同项下所有应付款项。

13.2 如租赁物件发生毁损或灭失，乙方应立即通知甲方。甲方出租人可通知乙方采取下列处理方式，并由乙方负担所需一切费用。

①如租赁物可以修复，乙方应将租赁物修复至完全正常使用状态。

②更换经甲方认可的与租赁物件同等状态、性能和价值的物件。更换后该租赁物件自动归甲方所有，乙方对甲方的所有权不得持有异议，同时有义务保证甲方对该更换后的设备所享有的权利不受任何第三人的影响，并且乙方在本合同项下所承担的义务也不受任何影响。

③如甲方根据合理的判断认为租赁物件已灭失或毁损到无法修复的程度，可选择终止本合同项下的租赁并由乙方赔偿甲方的全部损失或由乙方自费更换与原租赁物价值、性能等相同的设备。前述损失包括但不限于全部剩余租金、逾期利息、损失赔偿金、协议留购价款（如选择适用12.1所述方式）及其他各项应由承租人承担的费用。乙方支付以上赔偿款后，乙方在本合同第七条项下的一切义务履行完毕。

13.3 如租赁物件发生的毁损或灭失属于保险责任范围，还应按本合同第十四条相关约定处理。

第十四条　保险

14.1 自起租日起，乙方应办理租赁物的一切保险（包括但不限于海上运输险、内陆运输险、工程安装险、财产险等），并使之在本合同履行完毕前持续有效，保险费用由乙方承担。由于乙方不办理保险而给甲方造成的全部损失（包括但不限于未支付的租金等）均由乙方承担。投保后，保险合同等相关文件原件应当由 [　　] 保管，乙方须在15天内将一份保险单副本提交给甲方。发生理赔时，保险理赔款优先用于偿还甲方的租金、所有迟付租金和违约金等款项。

14.2 如租赁期限内发生保险事故，乙方应当立即（24小时内）通知甲方，并由双方指派人员共同办理保险理赔事宜。

14.3 如租赁期限内发生保险事故，则保险赔偿金的处置方式为 [　　]：

①用于支付因保险事故造成的租赁物损坏的维修及更换费用，剩余款项（如有）归乙方所有；

②用于支付因保险事故造成的租赁物损坏的维修及更换费用，剩余款项（如有）归甲方所有；

③归甲方所有；

④抵偿对甲方全部损失的赔偿款。

14.4 如果发生保险公司赔付范围之外的损害，导致租赁物件灭失或毁损到无法修复，乙方须按本合同第十三条的约定赔付甲方。

第十五条　担保

乙方委托 [　　] 为本合同乙方的担保人，担保人向甲方出具不可撤销的"担保承诺函"，见本合同附件四。乙方负责将本合同复印件转交担保人。

第十六条　声明与保证

16.1 甲方在此声明和保证：

①甲方是依法成立且在租赁期内合法存续的企业法人，具有从事融资租赁业务的资质；

②甲方签订本合同已得到相应权力机构的批准或同意；

③本租赁业务项目未超出公司章程、营业执照许可的范围，符合国家相关政策和行业规定；

④甲方进行承包经营、合并、分立、联营、重组、歇业、解散等影响本合同的事

项，应事先书面通知乙方。

16.2 乙方在此声明和保证：

①乙方是依法成立且在租赁期内合法存续的企业法人，有权签订并履行本合同；

②乙方签订本合同已得到公司有权机构及主管部门的批准，符合公司章程和相关规定；

③乙方实行承包经营、合并、分立、联营、重组、歇业、解散等影响本合同的事宜，应事先书面通知甲方，乙方应避免上述事项对甲方造成不利影响；

④乙方保证在本合同签订前向甲方提供真实、准确的财务报表，完整披露其对外提供的担保及负债。乙方承诺在本合同签订后，对外提供担保或产生其他负债超过[   ]元的，应当在提供担保或产生负债前10个工作日书面通知甲方。如涉及重大违约、重大诉讼、资产被查封、扣押的，乙方应在该等事件发生之日起3个工作日内书面通知甲方，并应采取相应措施避免该等事件对甲方的权益造成不良影响。

第十七条 财务资料

17.1 甲方需了解乙方的经营情况时，须提前[   ]个工作日通知乙方。乙方同意按照甲方要求定期或随时向甲方提供其资产负债表、利润及利润分配表、现金流量表或甲方合理要求的其他资料。

17.2 对于乙方提供的任何公司资料，未经乙方同意，甲方不得披露给任何第三方。

第十八条 违约事项和补救措施

本合同生效后，甲、乙双方均应履行本合同所约定的义务。任何一方不履行或不完全履行本合同所约定义务的，应当依法承担违约责任。

18.1 如甲方未按照本合同及相关合同的约定条款支付相关款项，致使本合同无法履行，由此造成的乙方的损失，甲方应承担相应的赔偿责任。

18.2 如乙方未能按本合同的约定支付甲方租金及所有其他应付款项，则自逾期之日起，每逾期一日，乙方应当就逾期金额按万分之五的比例向甲方支付违约金。

18.3 如乙方逾期支付租金及其他应付款项总额达租金总额的[   ]%，或者连续[   ]期或累计[   ]期末按时或全额履行支付义务的，且经甲方催告后30日内仍未付清租金及其他应付款项，或乙方有擅自将租赁物件设置担保、转让、抵债、转租或投资入股等侵害甲方所有权的行为及其他严重违反合同的行为，均视作乙方在本合同项下的严重违约，甲方有权采取以下任一种措施或同时采取以下多种措施：

①要求乙方立即停止侵害，恢复租赁物交付时的原状，并有权要求乙方按本合

同项下未付租金总额的 20% 向甲方支付违约金；

②行使加速到期权，宣布本合同立即到期，要求乙方立即付清所有到期未付及未到期的租金及其他应付款项；

③要求乙方人赔偿全部损失；

④将租赁物件出售并将出售所得用以抵偿乙方应付的款项，不足部分再向乙方追索。若租赁物件出售所得超过承租人应付的租金、违约金、赔偿金、其他应付款项及名义价款等款项总额，则甲方应将超出部分的款项退还给乙方。

甲方采取前款措施，并不免除乙方在本合同项下的其他义务。

18.4 乙方如同时出现 18.2 款及 18.3 款所列情形的，甲方应择其一适用，不能同时适用。

18.5 如乙方违反诚实信用原则，所作的声明和保证是不真实或不准确的，或乙方不履行本合同项下的附随义务（如通知、保密、协助等）的，甲方有权要求乙方限期履行、采取补救措施，并要求乙方赔偿损失。此损失包括损失本身及有关合理的费用，包括但不限于利息、滞纳金、诉讼费、保全费、审计费、评估费、鉴定费、政府规费、律师费等。

18.6 合同任何一方违反本合同的任何约定致使他方发生的一切费用（包括诉讼费、律师费等）均由违约方负担。

第十九条　重大变故的处理

19.1 如乙方发生或可能发生：

①关闭、件产、停业、合并、分立、重组、上市、经营恶化，为了重大法律纠纷、任何其他方对乙方提起诉讼、仲裁或者以其他方式提出权利主张、投资失误、违规经营、破产、转让其重要资产或不履行与其他任何债权人之间的债务等；

②乙方生产计划、销售计划等出现重大调整，足以影响正常生产，可能影响乙方履行本合同之能力；

③政府政策调整足以影响乙方生产，可能影响乙方履行本合同之能力的情况时，乙方应事先及时通知甲方，甲方有权要求乙方采取必要措施并使甲方满意，否则甲方可采取第十八条约定的措施。

19.2 如担保人发生第 19.1 款所述情形，乙方应及时通知甲方，并在 7 日内另行提供甲方认可的担保物或担保人，否则甲方有权采取第十八条约定的措施。在担保人分立、合并的情况下，经甲方同意后可以由变更后的机构承担保证责任。

19.3 在本合同有效期内，甲方或承租人的名称、法定地址、法定代表人等发生变化,不影响本合同的执行。发生变化的一方须立即书面通知对方。

19.4 双方同意,租赁期限内,因法律规定的除战争以外的不可抗力事件而导致本合同不能按时履行的,可以延期履行,但最长不超过不可抗力事件发生之后 60 日。因不可抗力事件造成本合同不能履行的,乙方应承担不可抗力事件的后果,按照本合同的约定赔偿甲方的损失。

第二十条　合同权利义务的转让、质押及抵押

未经甲方书面同意,乙方不得转让本合同项下的权利和义务给第三方或在其上设置质押等担保权利。

第二十一条　合同的成立、生效、变更、解除和终止

21.1 本合同须同时具备以下条件方能正式生效:本合同由双方法定代表人或授权代表签字并加盖公司公章,由授权代表签署的须提供法定代表人出具的授权委托书原件。本合同在如下情形下终止:

①双方均履行完毕其在本合同项下之全部义务,本合同即终止;

②甲方行使解除权时合同终止。

合同终止不影响合同中解决争议的条款的效力。

21.2 本合同生效后,除甲方依据本合同的相关约定行使解约权外,甲乙任何一方无权擅自单方面提前变更或解除合同。如确需变更或解除合同,应经甲乙双方协商一致并达成书面协定。

21.3 本合同一式两份,甲乙双方各执一份,具有同等法律效力。

第二十二条　争议解决

22.1 凡因本合同引起的或与本合同有关的任何争议,由双方通过友好协商解决。协商不成,任何一方可以向甲方住所地有管辖权的人民法院提起诉讼。

22.2 因诉讼发生的相关费用(包括但不限于案件受理费、差旅费、合理的律师费等)均由败诉方承担。

22.3 在合同存在部分争议的情况下,解决争议期间,双方仍应继续执行与争议无关的合同条款。

第二十三条　地址和通知

23.1 甲方的地址及联系人是:

联系地址:＿＿＿＿＿＿＿＿＿＿

联系人:＿＿＿＿＿＿＿＿＿＿

23.2 乙方的地址及联系人是：

注册地址：_____

联系人：_____

23.3 双方之间一切通知以下述方式送达前述地址，即视为有效送达：

①传真；

②特快专递；

③当面交送。

23.4 任何一方地址变更，应在变更后 7 日内通知对方。否则，由此引起的一切责任和后果由怠于通知的一方承担。

第二十四条　附件

下列附件为本合同不可分割的一部分，与本合同具有同等法律效力：

一、租赁物清单（略）

二、租金支付概算表（略）

三、实际租金支付表

四、担保承诺函（略）

五、租金变更通知书（略）

六、租赁物接收确认单（略）

七、租赁物所有权转让函（略）

出租人：

公章：

法定代表人（或授权代表）签字：

承租人：

公章：

法定代表人（或授权代表）签字：

　　　　　　　　　　　　　　签字日期：　　　年　　月　　日

附件三：

实际租金支付表

租赁物名称					
承租人					
租赁规模（含税）				租赁年利率	
租赁期限				租金支付方式	
增值税	增值税由承租方随租金一并支付给甲方，出租方开具增值税发票，如合同执行过程中遇到政策调整，出租方和承租方同意按新规定负担增值税及发票				
保证金		留购价格（不含税）		增值税	
起租日		手续费（不含税）		增值税	
期数	租金到期日	本金余额（不含税）	当期不含税租金	增值税额	实际还款额
			本金 / 利息		
第一期					
第二期					
合计					

3.8 参考文献

[1] 翟会敏. 航空租赁业务操作实务与图解 [M]. 北京：法律出版社，2019.

[2] 杨津琪，廉欢，童志胜. 融资租赁税务与会计实务及案例 [M]. 北京：中国市场出版社，2020.

第4章 中德公司关于核磁共振成像仪的融资租赁谈判

4.1 医疗器材租赁背景

传统的租赁行业主要集中在航空领域、海工领域和装备制造业。这些领域一般都是技术密集型和资金密集型的行业,在这个领域一决高下的都是"巨无霸"公司,大部分的主角都是外资知名租赁公司和中资知名租赁公司,一般的租赁公司面对这些"巨无霸",往往只能望洋兴叹,无法在这个领域一展身手。租赁公司的较量将在新的租赁领域展开,这些新的租赁领域既有农业融资租赁、机器人领域租赁,更有光伏发电设备租赁、电动汽车行业充电设施及车辆租赁、医疗器械设备租赁。这个名单还在扩展,延伸到了生活的很多方面,一群正在草地上享受美食的黑白奶牛也很有可能正是融资租赁的标的物。

站在风口上,猪都能飞起来,2005年国家食品药品监督管理局《关于融资租赁医疗器械监管问题的答复意见》中,要求融资租赁公司开展医疗器械融资租赁必须取得《医疗器械经营企业许可证》后方可从事融资租赁。租赁行业的大风起始于2014年,最高法解释中不以无经营许可证认定融资租赁合同无效以后,相关政策才开始放开。从2015年起,大批公司与机构涌入融资租赁领域,医疗设备融资租赁变得炙手可热。医改的方向是逐渐实现药品零加成,现在已经有很多地方正在试行这项政策,取消药品加成,必将影响医院的盈利机制,从而制约了医院的扩建和技术发展。为了不影响医院的服务质量,融资租赁的存在意义将越来越重要,很多医院开始探索创新医院融资租赁业务。融资租赁可以充分地缓解医院在医疗设备投入上的资金压力,轻松完成设备升级换代,与时俱进地实现产业升级,极大地减少医院在添置大型设备资金上的一次性投入,从而使医院能有更多的资金投入医学科研、学科建设、员工福利等急需投入的领域,使得医院更具备持续发展的能力。

4.2 出租方资料：西门子财务租赁有限公司

活跃在医疗设备租赁这个风口的租赁公司主要三种类型，第一种类型是由央企进出口集团背景控股的大型专业化融资租赁公司，以远东宏信融资租赁有限公司和香港环球医疗金融公司为代表。第二种类型是医疗设备制造行业龙头跨国公司及关联企业成立的在华融资租赁企业，比如西门子财务租赁有限公司、通用电气（中国）融资租赁有限公司、日立租赁（中国）有限公司和荷兰飞利浦下属的拉赫兰顿融资租赁（中国）有限公司。第三种类型的融资租赁公司通常由银行等大型金融机构发起，比如华融金融租赁股份有限公司、平安国际融资租赁有限公司和上海恒信租赁公司。

西门子财务租赁有限公司（Siemens Finance and Leasing LTD.）于 2005 年在北京成立，隶属于西门子金融服务集团(Siemens Financial Services)，总部位于德国慕尼黑，西门子共有九大业务集团。西门子财务租赁有限公司是最早进入中国的外资融资租赁公司之一，也是中国医疗行业为数不多的厂商系外资融资租赁公司。

西门子金融服务集团是国际市场 B2B 金融解决方案提供商。凭借在西门子相关领域的特定资产专长，西门子金融服务集团能够为投资者提供商业融资、项目与结构性融资和杠杆融资等解决方案。西门子金融服务集团在全球拥有 3100 多名员工，同时服务西门子和第三方企业，并管理西门子内部的金融风险。西门子金融服务集团借助融资专长和行业知识，为客户创造价值并增强其竞争力。西门子金融服务业已成为技术产品赢得客户信任和市场竞争的重要因素。截至 2017 年 9 月 30 日，西门子金融服务集团总资产已经达到 260 亿欧元。

西门子财务租赁主要为中国客户提供定制化的融资租赁解决方案，业务覆盖西门子各业务集团的产品以及通用机床、建筑机械、交通运输、电子、包装、食品饮料、注塑、玻璃深加工等多个领域的第三方设备；目前在中国主要城市和地区设有办事处，服务辐射全国。多年来，西门子财务租赁有限公司凭借强大的资金实力、先进的融资理念和广泛的业务范围，始终处于中国市场的领先地位。其覆盖全产业链的金融服务，以及根据中国市场特点推出的短期融资、保理等产品都受到客户的广泛好评。西门子财务租赁有限公司已经连续数年获得由中国外商投资企业协会租赁业工作委员会颁发的"中国融资租赁年度公司奖"。

西门子财务租赁公司具有其他租赁公司所不具有的独特优势，因此，西门子财务租赁公司可以提供广大公立医院和民营医院发展需要持续、稳定的资金支持。具体表现如表 4-1 所示。

表 4-1　西门子财务租赁有限公司的优势

双重专家	西门子医疗设备融资团队既是融资专家，也是医疗技术专家。对医疗技术和临床应用有着深刻的认识，包括医疗影像、实验室诊断系统和医疗信息技术等。针对这些技术开发相应的融资解决方案。西门子设备加融资的一体化服务帮助全球医疗机构应对新格局、战胜新挑战
资金雄厚	使用西门子的自有资金，不受银行信贷紧缩影响，客户银行信用额度不会受设备采购影响，不会影响后续的投资
高效的流程	通过周到细致的客户服务和顺畅的业务流程，使融资服务更加便捷，西门子财务租赁公司结合金融专业知识以及行业经验提供量身定制的解决方案，针对不同市场，设计独特的融资模式，满足不同客户的不同需求，了解各个国家的税务及法律体系，通过西门子覆盖全球的服务网络，使复杂的国际项目能够顺利实施
多样化的融资产品	资本设备（影像诊断系统、临床治疗系统、超声诊断系统、实验室诊断系统），客户服务（床旁诊断系统、服务业务系统），保理
值得信赖的品牌	金融服务网络覆盖全球，既能提供独具特色的本地化服务，又能为客户和合作伙伴带去国内外主要市场的前沿信息
覆盖全球的服务网络	无论何地，都有来自西门子的金融专家为您提供专业的服务。西门子高度的本地化和全球服务理念有助实现投资目标
未来信息共享	提供未来医疗发展的最新方向。医疗数字化转型的重点投资领域、投资面临的挑战以及如何应对这些挑战。西门子金融服务最新研究报告指出了医疗数字化转型投资的三个优先领域：新一代（数字化和/或移动）诊断，远程医疗，智能数字化医院，我们对这三个领域的全球"投资挑战"进行了保守估计，并探讨了可用于帮助实现数字转型的专业金融机构提供的解决方案

4.3　承租方资料：同富县医院

按照《医院分级管理标准》，医院经过评审，确定为三级，每级再划分为甲、乙、丙三等，其中三级医院增设特等级别，因此全国的医院共分三级十等。目前，全国医疗卫生机构总数达 100 万个多一点，其中包括医院 3 万多个、基层医疗卫生机构 95 万多个，专业公共卫生机构 1.5 万多个。这 3 万多个医院当中有三级医院 2749 个，二级医院 9687 个、一级医院 11264 个、未定级医院 10654 个。

同富县位于陕西省北部黄土高原丘陵地带，隶属西安市，常住人口 90 余万人。同富县医院创建于 1965 年，位于县城中心，交通便利，环境幽雅，设施齐全，是一所集医疗、教学、科研、预防保健、急救于一体的综合性二级甲等医院。担负着全县及部分周边县市150多万群众的医疗、保健、急诊、急救责任。医院始终秉承"病人至上，质量第一"的办院宗旨，尊崇仁爱、敬业、精诚、创新的医院精神，1994年被卫生部授予二级甲等医院，并于2008年在西安市首家通过省卫生厅二级甲等医院复审。为联合国卫生组织"爱婴医院"、西安交通大学第二医院和西安医学院临床教学医院。同时被确定为全县城镇职工基本医疗保险定点医院、首批合作医疗定点医院。

医院占地8余万平方米，建筑面积10余万平方米，固定资产总值9600余万元。设置床位1500张，实际开放床位1600余张。年门诊量55余万人次，住院病人5余万人次，手术3500多台次。设置临床科室23个，医技科室12个，行政职能科室17个。该医院现有职工1528人，其中高级职称221人，中级职称276人，卫生技术人员1031人。医院专业技术力量和医疗水平处于本县领先地位。

该院医疗设施先进，先后购置了西门子64排128层CT、西门子ACUSON SC2000超声诊断系统、DR数字拍片机、日立7080型全自动生化分析仪、日本阿洛卡SSD—1700彩色超声诊断仪、日本潘太克斯电子胃镜、美国菲利浦全身彩超机，以及病理图文分析系统、C型臂、高频放射机、鼻窦内镜系统、安科OPENMARK 4000型磁共振成像系统和中央监护系统等大批先进实用的医疗设备。目前医院投资8000余万元的外科住院大楼已经建设完毕并投入使用。

同富县医院曾先后荣获全省"十佳"医院、全省"百姓放心"医院、全省"文明单位标兵"、全省"文明窗口示范单位"、全省卫生系统"创佳评差"最佳单位等荣誉称号。

4.4 谈判动因

患者数量不断增长促使医院投资新设备。对于民营医院来讲资金是最重要的。医院要发展，没有资金什么都是空谈。同富县医院现在就面临这种困境，医院为了更好地服务于全县患者，耗资8000万元新建了外科住院大楼，相应的医疗设备也要更新换代，因此，同富县医院决定购进一台数字化3.0T磁共振成像设备。然而，如果再购进新一代的数字化3.0T磁共振成像设备，医院的资金就会捉襟见肘，但是又不能因为资金的压力而裹足不前。因此，同富县医院党殿宇院长从同行那里听到了西门子财务租赁有限公司可以采用租赁的方式来解决磁共振成像设备的问题，先是电话联系了西门子财务租赁有限公司中国业务部的经理，进行了简单的咨询，双方约定举行一个面对面的谈判进行更进一步的交流。

4.5 谈判目标

4.5.1 出租方谈判目标

西门子财务租赁有限公司中国业务部的程经理通知了他的谈判团队，按照公司标准的流程，确定了谈判的各项目标，首先，承租人的资质在整个融资租赁中至关重要，同富县医院的资质直接决定了西门子财务租赁公司是否将 3.0T 磁共振成像设备租给该医院，如果资质太差，如每年的设备使用产生的现金流不能完全覆盖每年的租金，就是一个危险的信号。对于承租人的资质的认定，通常还有其他因素，如表 4-2 所示。

表4-2 承租人资质认定基本标准

项目	公立医院	民营医院
经营年限	经营期不低于 2 年（新医院个案处理）	经营期不低于 3 年
医院等级	二级乙等以上，医保定点医院	二级乙等以上，医保定点医院
财务指标 1	资产负债率不超过 45% 或有负债的余额不得超过净资产	资产负债率不超过 45% 或有负债的余额不得超过净资产
财务指标 2	近两年没有出现经营亏损，且年收入超过人民币 2000 万元	近两年没有出现经营亏损，且年收入超过人民币 1000 万元
征信指标 1	中国人民银行征信系统无不良记录	中国人民银行征信系统无不良记录
征信指标 2	无拖欠还款记录，没有涉及重大诉讼案件	无拖欠还款记录，没有涉及重大诉讼案件

程经理的团队考虑到同富县医院的资质，初步确定了表 4-3 中的融资租赁方案。如果客户有特别的设计还款方案的要求，也可以做适度调整，以便让客户准确地制定预算、管理投资。

表4-3 同富县医院融资租赁方案

同富县医院融资租赁方案				
项目	说明	备注		
1. 采购价格	200万欧元	裸机价格		
2. 租赁期限	1年到7年	不超过7年		
3. 租赁年利率	12%			
4. 租金收取方式	月末支付			
项目		金额	比例	备注
首期费用	租赁首付款	40万欧元	20%	
	租赁保证金	30万欧元	15%	
	租赁手续费	4万欧元	2%	
	设备保险费	4000欧元	0.2%	
租金				
残值				

西门子医疗融资租赁业务，为各级、各类医院提供一站式的金融解决方案，满足医院跨区域、集团式的发展需求。西门子已经为近千家医院提供了资金支持，其中包括大量的县级医院和民营医院，相信这一次也会帮助同富县医院更新设备，更好地服务于同富县的患者。

4.5.2 承租方谈判目标

同富县医院的党院长也是从他的好朋友，也就是同为二级甲等医院的后羿县医院的院长刘院长处得知核磁共振成像设备不仅可以购买，还可以融资租赁，党院长联系了采购科的王科长，遗憾的是，王科长也是第一次听到融资租赁。党院长和王科长请教了刘院长，刘院长主要提出了四方面的建议：

第一，一定要注意租赁出租方的资质，租赁涉及出租方和承租方，不仅出租方要审核承租方的资质，承租方也要审核出租方的资质。比如远程视界，号称引领了"中国医疗创新模式"，它是融资租赁的撮合方和担保方，结果人去楼空，欺骗上千家公立医院，让它们欠债上百亿元。全国因远程视界模式欠下租赁公司巨额债务的医院有上千家，绝大部分是县级二甲公立医院，是当地医疗卫生工作的支柱。由此可见，出租方的资质多么重要。

第二，重点商谈购买价格，购买价格越低租金越低，核磁共振成像仪是高精尖的设备，从全世界范围来看，制造商非常少，西门子的主要竞争对手有美国通用电气（GE）公司，荷兰飞利浦公司。所以刘院长建议可以对比一下这几家的核磁共振成像仪，以便做出准确的判断。刘院长提供了他们医院去年融租租赁的飞利浦 Ingenia 3.0T 核磁共振成像仪的价格是 1900 万元。

第三，在融资租赁的时候，要考虑租赁年利率，刘院长建议也问一下其他几家医疗器械租赁公司的租赁年利率，要做到心中有数。刘院长提供了他们医院和荷兰飞利浦下属的拉赫兰顿融资租赁公司的年利率为 10.5%，当时他们购买的是飞利浦的 Ingenia 3.0T 的核磁共振仪。

第四，刘院长认为保证金能不交就不交，能少交就少交，毕竟医院的资金也很紧张，如果和贷款购买核磁共振成像仪相比，融资租赁没有任何优势，那又何必融资租赁核磁共振成像仪呢？

党院长和王科长认为刘院长的建议非常中肯，并以此为基础，展开与西门子财务租赁有限公司的谈判。

双方公司的谈判人员模拟此次谈判，制定合理的谈判目标和内容，并完成谈判的目标。

4.6 谈判准备

准备1：同富县医院的谈判议程。
准备2：同富县医院如何确定租赁日期和最高租金金额。
准备3：西门子财务租赁有限公司的谈判议程。
准备4：西门子财务租赁有限公司如何确定租赁日期和最低租金金额。

第 3 部分
公司合资合作谈判案例

第 5 章　中美公司关于公司合资的谈判

5.1　谈判背景

坚持高水平对外开放，是贯彻新发展理念和推动高质量发展的必然要求。我国成为 140 多个国家和地区的主要贸易伙伴，货物贸易总额居世界第一，吸引外资和对外投资居世界前列，形成更大范围、更宽领域、更深层次对外开放格局。

中国是世界汽车竞争最充分的市场之一，合资品牌在中国乘用车占据近 60% 的份额。1994 年的《汽车产业政策》规定，中外合资汽车整车制造企业，外资方面持股比不得超过 50%；同时，外资在同一类汽车整车产品种类不得在中国建立两家以上合资合作企业。2004 年版、2009 年版中国《汽车产业政策》也延续了以上两项限定政策。

随着中国成为世界第一大汽车市场，拥有最齐全的产业种类，加工制造能力已经达到和接近世界先进水平，中国汽车产业也获得了进一步的开放，2018 年 4 月 17 日，国家发改委公布了放宽汽车行业的外资股份比例限制的时间表：汽车行业将分类型实行过渡期开放，2018 年取消专用车、新能源汽车外资股比限制；2020 年将取消商用车外资股比限制；2022 年取消乘用车外资股比限制，同时取消一家外资企业在华投资的合资企业不超过两家的限制。

5.2　中方公司：江铃汽车股份有限公司

江铃汽车股份有限公司（以下简称"江铃汽车"），成立于 1997 年 1 月 8 日，是国家高新技术企业、国家创新型试点企业、国家认定企业技术中心、国家知识产权示范企业、"国家整车出口基地"。江铃汽车是一家集汽车研发、制造、销售和服务的现代化中外合资股份制企业，在提供优质汽车产品的同时，致力于通过客制化、智能化的产品和服务满足用户个性化的需求，是中国商用车行业领军企业，也是乘用车领域标杆新势力。1993 年 11 月，江铃汽车成功在深圳证券交易所发行 A

股，成为江西省第一家上市公司，并于1995年在中国第一个以ADRs发行B股方式引入外资战略合作伙伴。江铃汽车主要由南昌市江铃投资有限公司持股41%，福特汽车公司持股32%，公共股东持股27%。该公司有8家直接对外投资企业，包括江铃重型汽车有限公司等。江铃汽车目前拥有400多家一级经销商，经销商总数超过1000家。

江铃汽车始终坚持双品牌战略——JMC品牌和福特（Ford）品牌比翼齐飞。江铃汽车的主要业务是生产和销售商用车、运动型多用途汽车（SUV）以及相关的零部件。主要产品包括JMC品牌轻型卡车、皮卡、轻型客车，驭胜品牌SUV，福特品牌轻客、多用途汽车（MPV）等商用车及SUV产品。除此之外，该公司亦生产发动机、铸件和其他零部件。江铃汽车拥有强大的客制化能力，在救护车市场份额超过60%。江铃汽车以高质量发展为主线，聚焦价值，精益运营，正从规模扩张型发展模式向精益式价值增长型转变。

2022年江铃汽车设计产能32万辆，产能利用率88%，如表5-1和表5-2所示。其中，卡车销量同比下降45.20%的主要原因是行业下滑，SUV销量同比增长44.30%的主要原因是海外销量增长。

表5-1 江铃汽车2021年和2022年整车产量和销售量情况

项目	产量			销售量		
	2021年/辆	2022年/辆	与上年同比增加/%	2021年/辆	2022年/辆	与上年同比增加/%
按车型类别						
轻型客车	100168	79805	-20.33	101516	77237	-23.92
卡车	118117	62825	-46.81	118105	64727	-45.20
皮卡	68268	63496	-6.99	67906	62872	-7.41
SUV	53096	75468	42.14	53481	77172	44.30
总计	339649	281594	-17.09	341008	282008	-17.30
按区域						
境内地区	339649	281594	-17.09	34008	282008	-17.30

表5-2　江铃汽车2022年新能源汽车整车及零部件的生产经营情况

产品类别	产能状况/辆	产量/辆	销量/辆	销售收入/元
新能源客车系列	5000	1552	1411	173075069.00
新能源乘用车及皮卡	35000	366	363	67068224.00
新能源货车	20000	1647	1655	233591090.00
合计	60000（注：所有新能源车均与相应的燃油车共线生产）	3565	3429	473734383.00

5.3　美方公司：福特汽车公司

福特汽车公司（以下简称"福特"）是一家总部位于密歇根州的跨国公司，成立于1903年，1956年在纽约证券交易所上市，证券代码为F。20世纪，福特（Ford）、通用（GM）与克莱斯勒（CHRYSLER）被认为是底特律的三大汽车生产商。福特拥有福特和林肯（LINCOLN）两大著名汽车品牌，设计、制造、销售和服务全系列的福特汽车、卡车、运动型多用途汽车（SUV）、电动汽车和林肯豪华车，通过福特汽车信贷公司提供金融服务，并在电气化、自动驾驶汽车和移动解决方案中寻求领先地位。

福特是一家跨国公司，和很多不同国家的汽车公司建立了合作关系，如福特拥有英国阿斯顿·马丁（AstonMartin）公司8%的股份、马自达（MAZDA）株式会社33.4%的股份和起亚（KIA）汽车公司近10%的股份，而且，福特也开拓了中国市场，除了建立福特汽车（中国）有限公司外，先后与长安汽车共同出资成立长安福特汽车有限公司，并持江铃汽车股份有限公司32%的股份。福特汽车主要通过这三家企业在中国市场销售其汽车。福特的主要产品有SUV、轿车、性能车、新能源车、皮卡、多用途汽车（MPV）和商用车。当前福特在华销售探险者、锐界、锐际、蒙迪欧、Mustang、福克斯、福睿斯等重磅车型；江铃汽车当前在售车型包括福特领界、新世代全顺Pro、新世代全顺、福特撼路者等。

福特1995年进入中国市场，2019—2021年的表现比较稳定，2022年的销量不容乐观，在华销售只有49.6万辆，同比下滑33.5%，其中，长安福特全年销量为25.1万辆，同比下滑17.61%，江铃福特全年销量4.8万辆，同比下滑26.68%，即使林肯品牌也只销售了7.93万辆，同比下滑13.4%。2023年第一季度，福特中国累计销售车辆12.5万辆，同比下滑18.8%，其合资公司长安福特累计销量为4.48万辆，同比下滑25.68%，如图5-1所示。

```
       57        60       62.5              单位：万辆

                                   49.6

      2019年   2020年   2021年    2022年
```

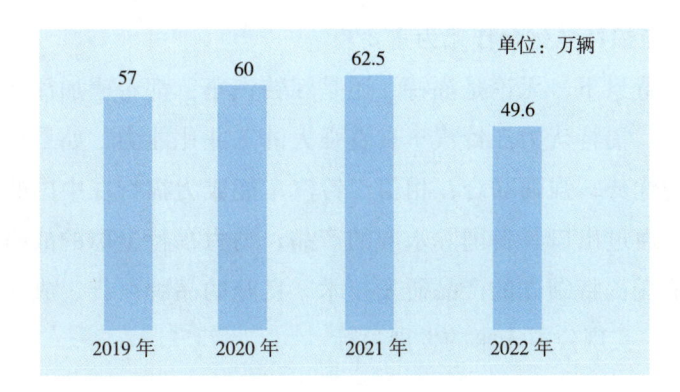

图 5-1　福特汽车在中国市场的销量

最近两年，福特在中国区的业务一直处于亏损状态。2021 年福特中国亏损了 3.27 亿美元，2022 年亏损了 5.72 亿美元。

5.4　谈判动因

1995 年，福特战略投资江铃汽车，成为江铃汽车的第二大股东。福特与江铃建立了长期互信的稳定关系。在双方合作的 20 多年中，江铃汽车成功在中国市场引进多款福特品牌畅销车型，受到中国消费者喜爱。更为重要的是，通过深化与福特的合作，江铃汽车实现了整车产品大批量出口。2022 年，江铃汽车向中东、东盟和南美地区全年出口包括福特领界、领睿和全顺在内的车辆超过 6 万台。

在新的形势下，在占据全球新能源汽车销量超过六成的中国市场，福特的纯电车型仅有一款 Mach-E。福特面对中国市场业务的挫败需要及时转型，将在中国开展投资更低、更精简、更专注、回报更高的业务的全新品牌战略。最为直观的体现就是，福特计划将中国的业务作为"出口中心"，向南美、澳大利亚和墨西哥等市场出口价格较低的电动车和商用车。

与此同时，江铃汽车在公司未来的发展中也提出：加快构建面向未来、具有全球竞争力的业务生态体系；加强海外市场洞察和新品推广，协同各方资源，拓展海外市场规模。江铃汽车在接下来的几年中将致力于以下几方面：公司将聚焦轻型商用车，以 SUV 作为支撑，深入推动科技创新及产业转型，稳固轻型商用车领先地位，提升乘用车销售规模；加快发展新能源汽车，大力拓展海外出口业务，夯实存量市场，寻找增量市场。江铃汽车的主要业务是商用车，为了提升乘用车销售规模，对江铃汽车而言，与福特强化合作尤为重要。

在这一新的背景下，无论是福特，还是江铃汽车，都希望加深双方的合作，建立一个合资公司。福特认为江铃汽车有着强大的工业化能力，如果能够充分发挥福特和江铃汽车的优势，强强联合，相信江铃汽车能成为福特在中国的重要的工程和制造中心之一，通过出口具备国际水准的产品，助力福特全球的战略增长。江铃汽车也希望能够依托福特领先的产品研发技术、良好的品牌声誉、成熟的业务结构和完善的销售网络，实现公司未来的发展目标。

5.5 谈判目标

谈判的时间设定是2022年，学生谈判团队分别代表福特公司和江铃汽车，从当时的环境出发，合理地模拟双方公司关于建立合资公司的谈判并制定符合公司利益的目标。

5.6 案例讨论

问题一：福特模拟谈判团队需要做哪些准备？
问题二：江铃汽车模拟谈判团队需要做哪些准备？
问题三：如何制作合资公司的规范合同？

5.7 合资公司合同范本参考

国际合资经营企业合同

第一章　总则

中国_____公司与_____国_____公司根据《中华人民共和国外商投资法》和中国的其他有关法律，本着平等互利的原则，通过友好协商，同意在中华人民共和国_____省_____市，共同投资举办合资经营企业，特订立合同。

第二章　合资双方

第一条　本合同的各方为：

中国＿＿＿＿＿＿公司（简称甲方），在中国登记注册，其法定地址在中国＿＿＿＿＿。

法定代表人姓名：＿＿＿，职务：＿＿＿，国籍：＿＿＿，电话：＿＿＿＿。

＿＿＿国＿＿＿＿＿公司（简称乙方），在＿＿＿国登记注册，其法定地址在＿＿＿国＿＿＿＿＿。

法定代表人姓名：＿＿＿，职务：＿＿＿，国籍：＿＿＿，电话：＿＿＿＿。

第三章 成立合资经营公司

第二条 甲、乙双方根据《中华人民共和国外商投资法》和中国的其他有关法规，同意在＿＿＿＿＿合资经营"＿＿＿＿＿"（以下简称合营公司）。

第三条 合营公司的名称为：＿＿＿＿＿，外文名称为：＿＿＿＿＿。

合营公司的法定地址为：＿＿＿＿＿。

第四条 合营公司的一切活动，必须遵守中华人民共和国的法律、法令和有关条例规定。

第五条 合营公司的组织形式为有限责任公司。甲、乙双方以各自认缴的出资额对合营公司的债务承担责任，各自按其出资额在注册资本中的比例分享利润和分担风险及亏损。

第四章 生产经营目的范围及规模

第六条 合营各方经营的目的是：本着加强经济合作和技术交流的愿望，采用先进而适用的技术和科学的经营管理方法，提高产品质量，发展新产品，并在质量、价格等方面具有国际市场的竞争能力，提高经济效益，使投资各方获得满意的经济利益。

第七条 合营公司生产经营范围是：

生产销售＿＿＿＿（产品）和＿＿＿＿（产品），对销售产品予以维修服务并研究开发新产品。

第八条 合营公司的生产规模如下：

1. 合营公司投产后的生产能力为：年产＿＿＿＿（单位）＿＿＿＿（产品）。

2. 随着生产经营的发展，由双方商定，并报审批机构批准，生产规模可增加，产品品种将发展到＿＿＿＿（产品）等，生产规模可以增加到＿＿＿＿。

第五章　投资总额与注册资本

第九条　合营公司的注册资本共_____美元。实际投资为_____美元。

第十条　合营各方的出资额共为_____美元，以此为合营公司的注册资本，其中：

甲方：_____美元，占_____%；

乙方：_____美元，占_____%。

第十一条　合营各方按双方商定的现金及实物作为出资。

甲方：现金_____美元。

　　　机械设备购入价格_____美元。

　　　产房建造估算价格_____美元。

乙方：现金_____美元。

　　　工业产权_____美元。

　　　转让产品的制造工艺、专利费_____美元。

第十二条　合营公司注册资本由甲、乙按其出资比例在领取营业执照后三个月内一次缴付。除注册资本外若需合资公司增补资金，经董事会决定以合适的方式在中国筹集或直接向国外银行贷款。

第十三条　合营各方中任何一方如向其他方转让其全部或部分资额，须经其他合营各方同意，报审批机构批准，并向原登记机关办理变更登记手续，合营各方在合营期内不能减少出资额，但可转让其全部或部分出资额；当一方转让其全部或部分出资额时，其他合营各方有优先购买权。

第十四条　甲、乙方按美元投入，在中国境内所需人民币支付的开销费需折合美元汇率，应以支付日的前一日17时中国银行公布人民币对美元的汇率为准。

乙方年终所获净利润的人民币部分金额应按年终审计师核准后七个工作日17时中国银行公布人民币对美元的汇率为准。

第六章　双方的责任

甲方责任：

办理为设立合营公司向中国有关主管部门申请批准、登记注册、领取营业执照等事宜。

组织合营公司厂房和其他工程设施的设计和施工。

按第十一条规定提供现金，负责合营公司所需设备的订购进口报送手续和在中国境内的运输，协助合营公司在中国境内购置或租借设备、材料、原料、办公用具、交通工具、通信设施等。

协助合营公司联系落实水、电、交通等基础设施；协助合营公司招聘当地的中国籍的经营管理人员、技术人员、工人和所需的其他人员。

协助外籍工作人员办理所需的入境签证、工作许可证和旅行手续等，负责办理合营公司委托的其他事宜。

乙方责任：

按第十条规定提供现金。

办理合营公司委托在中国境外选购机械设备、原材料等事宜，并负责将所订购的货物运到中国港口。

提供需要的设备安装、调试以及生产技术人员，生产和检验技术人员的培训，以使合营公司在规定的期限内按设计能力稳定地生产合格产品，负责办理合营公司委托的其他事宜。

第七章 技术转让

第十五条 甲、乙方同意由合资公司或第三者签订技术转让协议，引进先进适用的生产技术，包括产品设计、制造工艺检验方法、材料配方、质量标准、商标及包装等。

第十六条 按合同规定，乙方和技术转让方应保证产品质量和数量。为此，引进先进适用的生产技术应是完整的、准确的、可靠的，亦是同类技术中属于先进的，设备的选型及性能应是优良的，以满足技术转让的要求。

第十七条 乙方对技术转让协议中规定的工艺流程和设备进厂时间及技术服务，应开列清单作为该协议的附件并保证实施。

第十八条 图纸、技术条件和其他技术资料是技术转让的组成部分，应保证如期提供。

第十九条 在技术转让协议期内，乙方及转让方对该项技术的改进、技术情报和资料应及时提供给合资公司，不另收费。

第二十条 乙方保证在技术转让协议规定的期限内协助合资公司的技术人员掌握其转让的技术。

第二十一条 若乙方未能按合同及技术转让协议的规定提供设备和技术或发现有欺骗或隐瞒行为，甲方可提出索赔以弥补损失。

第二十二条 技术转让费采取提成方式支付。提成率为产品净销售额的_____%，提成费支付期限按照本合同第二十三条规定的技术转让协议期限为技术转让提成费的有效期。

第二十三条　合资公司与乙方签订的技术转让协议期限为_____（大写）年。技术转让协议期满后，合资公司有权继续使用和研究开发该技术。自引进该项技术于正式投产后持续_____（大写）年后，以合资公司的名义有权向任何第三方转让该项技术，原技术转让方无权干涉或指控。

第八章　产品销售

第二十四条　合资公司的产品可在中国境内、外市场销售，外销部分占_____%，内销部分占_____%。

第二十五条　产品可由下列渠道向境外销售：

由合资公司直接向中国境外销售，占_____%；

由合资公司与_____外贸公司签订销售合同，委托其代销和寄售，占_____%。

第二十六条　为了在中国境内外销售产品及进行销售后的产品维修服务，经中国有关部门批准，合营公司可在中国境内外设立销售维修服务的分支机构。其中，在中国境内设立的分支机构经批准后应向原登记机关办理变更登记手续。

可在中国境外设立"产品服务中心"，承办售后服务事宜。

第二十七条　合营公司的产品使用的商标由董事会商定，然后按有关规定向工商行政管理部门办理商标注册手续。合资公司的产品在技术转让期限内所使用的商标为_____。

第二十八条　合营各方密切配合，应在合营公司开工六个月培训期后，使合资公司所生产的产品合格率达到_____%。

第九章　董事会

第二十九条　合营公司注册登记之日，为合营公司董事会成立之日。

第三十条　董事会由_____名董事组成，其中甲方派_____名，乙方派_____名。董事长由甲方委派，副董事长由_____方委派，董事长和副董事长任期_____年，经委派方继续委派可以连任。

第三十一条　董事会是合营公司的最高权力机构，并决定合营公司的一切重大事宜：

1.合营公司章程的修改。

2. 合营公司的解散终止。

3. 合营公司注册资本的增加转让。

4. 合营公司和其他经济组织合并。

对重大问题应根据平等的原则协商，一致通过，方可作出决定，对其他不属于重大权力的问题，可采用多数通过或简单多数通过。

第三十二条　董事长是合营公司的法定代表，董事长因故不能履行其职责时，可临时授权副董事长或其他董事为代表。

第三十三条　董事会每年至少召开一次会议，由董事长召集董事会并主持，经任意两名董事提议，董事长可召开董事会临时会议，会议记录应归档保存。会议一般应在＿＿＿＿＿＿＿市，必要时也可在中国其他城市或国外的适当地点召开。董事会的重大决议等记录签署后应以中、英文各＿＿＿＿＿＿＿份送各方存档。

第三十四条　经各方同意后，由董事会聘请公证会计师一人列席董事会会议。公证会计师有权审阅合营企业的一切凭证、账簿、报表、会计档案并向董事会提出报告和建议。董事会可根据工作需要，特邀代表列席董事会。

第十章　经营管理机构

第三十五条　合营公司经营管理机构，负责公司的日常经营管理工作，经营管理机构设总经理一人，首任总经理由＿＿＿＿＿＿＿方推荐，副总经理一人，由＿＿＿＿＿＿＿方推荐，由董事会任命。

第三十六条　总经理的职责是执行董事会的各项决议，组织领导合营公司的日常经营管理工作。副总经理协助总经理工作，总经理不在时，由副总经理行使总经理职权。

第三十七条　经营管理机构设若干部门经理，分别负责企业各部门工作，办理总经理和副总经理交办的事项，并对总经理负责。

第三十八条　总经理和副总经理有营私舞弊或严重失职时，经董事会会议决议可随时撤换或处分。

第十一章　设备材料购买

第三十九条　合营公司所需原材料、配套件、运输工具和办公用品设备等，在条件相同的情况下，应优先在中国购买。

第四十条　合营公司委托＿＿＿＿＿＿＿方在国外市场购买原材料、配套件、运输工具和办公用品设备时，应邀请_____方派人参加，价格应经合营公司同意。

第十二章　筹备和建设

第四十一条　合营公司在筹建和建设期间，在董事会下设立筹建小组，负责生产厂房的调整、设备采购安装和调试等工作。

筹备组由_____人组成，费用在准备费中列支，筹建小组设组长、副组长各_____人，筹建组长、副组长由董事会任命，组长和副组长对生产准备工作实施和监督，准备工作完成后由董事会验收。验收完毕，筹建组即告撤销。

第四十二条　筹备小组具体负责审查工程设计，签字工程施工承包合同，组织有关设备材料等物资的采购和验收，制定工程施工总进度，编制用款计划，掌握工程财务支付和工程决算，制定有关的管理办法，做好工程施工过程当中文件、图纸、档案、资料的保管和整理工作。

第四十三条　双方指派若干技术人员组成技术小组，在筹建小组领导下负责对设计、工程质量设备材料和引进技术的审查、监督检验、验收和性能考核工作。

第四十四条　筹建小组工作人员的编制、报酬及费用，经各方同意后，列入工程预算。

第四十五条　筹建小组根据_____方提供的工艺生产要求，确定引进和在中国境内购置和加工的设备清单，价格共同商定，择优购置，并专门签订设备购置合同，按合同验收设备，如不符合要求将按章索赔。

第十三章　劳动管理

第四十六条　合营公司职工的雇用、辞退、工资、劳动保险、生活福利和奖惩等事项，按照《中华人民共和国劳动合同法》及其实施办法。经董事会研究具体方案，由合营公司和合营公司的工会集体或个别订立合同加以规定。劳动合同订立后，报市劳动管理部门批准。

第四十七条　中外双方推荐的高级管理人员的聘请和工资待遇、社会保险、福利、差旅费标准等，由董事会会议讨论决定。

第十四章　税务、财务、审计

第四十八条　合营公司按照中国的有关法律和条例规定缴纳各项税金。合营公司一切外汇事宜应按照《中华人民共和国外汇管理条例》有关规定办理，合营公司将根据本公司具体情况，由董事会讨论通过，制定会计制度，并付诸实行。

第四十九条　合营公司按照《中华人民共和国外商投资法》的规定提取储备基金、企业发展基金及职工福利奖励基金，每年提取的比例由董事会根据公司经营情况讨论（但不得低于_____%）。

第五十条　合营公司职工按照《中华人民共和国个人所得税法》缴纳个人所得税。

第五十一条　合营公司的会计年度从每年_____月一日起至十二月三十一日止，一切记账凭证、单据、报表、账簿，用中文记载；月终、年终财务报表（资产负债表、盈亏计算表、生产成本核表）分别用中文和英文编写，在次月十日前向中外各方报告。

第五十二条　合营企业的财务审计聘请在中国注册的会计师审查、稽核，并将结果报告董事会和总经理。如_____方认为需要聘请其他国家的审计师对年度的财务进行审查，_____方应予同意，其所需一切费用由_____负担。

第五十三条　合营公司在中国银行_____分行开设人民币和外币账户，平时以人民币和美元分别记账，年终以人民币进行会计决算。

第五十四条　第一营业年度的头三个月，由总经理组织编制上年度的资产负债表、损益计算书和利润分配方案，提交董事会审查通过。

第五十五条　合营公司的合格产品出口，按规定可申请减、免、工商统一税，所得税免征手续按照中外合资经营企业的有关规定办理。

第五十六条　合营各方分得的利润用于公司再投资部分，期限不少于五年的，经申请税务机关批准，可退还再投资部分已缴纳所得税的_____%，再投资不满五年撤出的，应缴回已退的税款。

第五十七条　合营公司所得的利润总额，按《中华人民共和国企业所得税法》规定缴纳所得税后，扣除储备基金、企业发展基金、职工奖励和福利基金，余下的净利润按投资比例每年分配一次，各项基金金额由董事会讨论决定。

第五十八条　_____方分得的利润汇往国外时，应按《中华人民共和国所得税法》和《中华人民共和国外汇管理条例》的有关规定办理。

第五十九条　合营公司发生亏损时，经董事会研究决定，可用储备基金弥补或结转至下年度。

第六十条　合营公司缺少资金时，可按《中国银行办理中外合资经营企业贷款暂行办法》向中国银行或中国的其他金融机构贷款，也可向国外机构贷款，筹措资金时，应考虑利率、期限等条件。

第十五章　合营期限

第六十一条　合营期限为＿＿＿＿＿＿年，自合营公司取得营业执照之日起计算。

第六十二条　合同期满后，如甲、乙双方愿意继续合营，可在合同期满前六个月报经中华人民共和国对外经济贸易部（或其他的委托机构）申请延长合营期限。

第六十三条　出现下列各项情况时，合同也可提前终止：

1. 企业发生严重亏损，总额达到注册资本的＿＿＿＿＿＿% 或不能恢复时。
2. 遭受不可抗力的外来影响，合营公司经营发生困难而无法继续时。
3. 任何一方违反合同，使企业无法经营时。

发生上述情况，合营各方应作最大努力，排除障碍，避免终止合同。

第六十四条　提前终止本合同，须经合营各方协商同意，提出结业申请证书，报中华人民共和国对外经济贸易部或其授权机构审批。

第六十五条　终止合同时，由董事会提出财产清理的方案，报请当地的财政部门和开户银行审核并委托在中国注册的公证会计师办理清算事宜。清算后的财产，按投资后的比例拆分。＿＿＿＿＿＿方分得的资金可按"合资法"规定汇往＿＿＿＿＿＿。

第六十六条　合同终止，清理工作结束，必须向注册登记机关办理注销手续，交回营业执照，停止一切营业活动。

第十六章　合营期满财产处理

第六十七条　合营期满或提前终止合营，合营公司应依法进行清算，清算后的财产，根据甲、乙双方投资比例进行分配。

第十七章　保险

第六十八条　合营公司的各项保险均在中国人民保险公司投保，投保险别、保险价值、保期等按照中国人民保险公司的规定由合营公司董事会会议讨论决定。

第十八章　合同的修改、变更与解除

第六十九条　对本合同及其附件的修改，必须经各方签署书面协议，并报原审批机构批准，才能生效。

第七十条　由于不可抗力，致使合同无法履行，或是由于合营公司连年亏损，无法继续经营，经董事会一致通过，并报原审批机构批准，可以提前终止合营期限和解除合同。

第七十一条　由于_____方不履行合同、章程规定的义务，或严重违反合同、章程规定，造成合营公司无法经营或无法达到合同规定的经营目的，视作违约方片面终止合同，其他方除有权向违约方索赔，并有权按照合同规定报原审批机构批准终止公司合同，如各方面同意继续合营，违约方应赔偿合营公司的经济损失。

第十九章　违约责任

第七十二条　合营各方中的任何一方未按合同第五章规定按期提交出资额时，从逾期第一个月算起，每逾期_____个月，违约一方应交出资额的百分之_____的违约金给合营公司其他守约方，如逾期三个月仍未提交，除累计缴付应交出的出资额的百分之_____的违约金外，守约方有权按合同相关规定终止合同，并要求违约方赔偿损失。

第七十三条　由于_____方的过失，造成本合同及其附件不能履行或不能完全履行时，由过失的一方承担违约责任；如属合营公司几方的过失，根据实际情况，由各方分别承担各方应负的责任。

第七十四条　为了保证本合同及其附件的履行，甲、乙双方应相互提供履行的银行保证书。

第二十章　场地使用费

第七十五条　合营公司使用的场地为中华人民共和国国家所有，应向政府缴纳使用费。

第七十六条　合营公司租用场地_____平方米，租用费为每年_____元／平方米（人民币），租用费缴纳方法、期限要根据_____市政府有关部门相关规定执行。

合营公司租用_____方厂房、仓库暂定为_____平方米，租用费定为每年_____元（人民币）平方米，按使用面积计取，水、电、气设施租用费每年共计_____万元（人民币），上述三项费用列入产品成本。

第二十一章　不可抗力

第七十七条　由地震、台风、水灾、火灾、战争以及其他不能预见并且对其发生和后果不能防止或避免的不可抗力事故，致使直接影响合同的履行或者不能按约定的条件履行时，遇有上述不可抗力事故的一方应立即将事故用电报通知合营公司其他各方，并应在_____天内提供事故详址及合同不能履行或者需要逾期履行的理由的有效证明文件，此项证明文件应由事故发生地区的公证机关出具，按照事故对履行合同影响的程度，由各方协商决定是否解除合同，或者部分免除履行合同的责任，或者延期履行合同。

第二十二章　适用法律

第七十八条　本合同的订立、效力、解释、履行和争议的解决均受中华人民共和国法律的管辖。

第二十三章　争议的解决

第七十九条　凡因执行本合同所发生的或与本合同有关的一切争议，双方应通过友好协商解决，如果协商不能解决，应提交中国国际经济贸易仲裁委员会。根据该会的仲裁程序暂行规定进行仲裁，仲裁裁决是终局的，对各方都有约束力，仲裁费用由败诉方负担。

第八十条　在仲裁过程当中，除各方有争议正在进行仲裁的部分外，本合同其他部分应继续履行。

第二十四章　文字

第八十一条　本合同用中文和英文写成，中、英文具有同等效力，中、英文如有不符，以_____文为准。（此处英文合同略）

第二十五章　合同生效及其他

第八十二条　按照本合同规定的各项原则订立如下的附属协议文件，包括组建工程协议、销售协议等（略），均为本合同的组成部分。

第八十三条　本合同及其附件，均需经中华人民共和国对外经济贸易部（或其委托的审批机构）批准，自批准之日起生效。

第八十四条　甲、乙两方发送通知的方法，如用电报、电传通知时，凡涉及各方权利、义务的，应随之以书面信件通知，合同中所列甲、乙的法定地址即为各方的收件地址。

第八十五条　本合同于_____年_____月_____日由甲、乙两方授权的代表在中国签字。

第6章 中美公司关于成立通信合资公司的谈判

6.1 谈判背景

开放是当代中国的鲜明标识。以开放促改革、促发展,是我国现代化建设不断取得新成就的重要法宝。党的十八大以来,在以习近平同志为核心的党中央的坚强领导下,我国坚定不移扩大对外开放,实行更加积极主动的开放战略,构建面向全球的高标准自由贸易区网络,加快推进自由贸易试验区、海南自由贸易港建设,共建"一带一路",成为深受欢迎的国际公共产品和国际合作平台。

营商环境是企业成长的土壤和生态,对吸引跨国投资具有关键作用。党中央、国务院出台了一系列政策措施,如《中华人民共和国外商投资法》和国家工商行政管理局《关于中外合资经营企业注册资本与投资总额比例的暂行规定》等,为营造良好的外资营商环境、优化外商投资的自由化和便利化水平保驾护航。

6.2 中方公司信息

华为创立于1987年,是全球领先的信息与通信技术(ICT)基础设施和智能终端提供商。华为是一家100%由员工持股的民营企业。华为通过工会实行员工持股计划,参与人数为121269人,参与人仅为公司员工,没有任何政府部门、机构持有华为股权。作为全场景智慧生活领导者,其产品全面覆盖手机、个人电脑和平板电脑、可穿戴设备、移动宽带终端、家庭终端和消费者云等。

美国的信息技术高度发展,数据通信市场规模占全球40%,通信市场非常成熟、统一,而且有较高利润。因此,华为开始进军美国市场,于1993年在硅谷建立了兰博公司,主要是为了技术交流,获取市场信息。后来,华为分别于2001年在得克萨斯州成立了子公司FutureWei和2002年在达拉斯市(达拉斯有北美"电信走廊"之称)成立了FutureWei Technologies,开始了在美国的市场推广。

华为当时在美国市场的负责人常峥认为,要先走"农村包围城市"的道路,但同时也要关注"城市和城郊"的发展,因为城里人也会经常出来看看,所以要在城郊多设点,让城里人慢慢感受这些变化。因此,华为在美国早期的市场拓展采用的就是在郊区设点的策略。

而在产品选择策略上,华为的数据通信产品 QUIDWAY 系列交换机和路由器具备市场优势。主要原因在于华为产品推出时间晚,采用了最新的处理器,各项技术指标普遍好于市场霸主思科(CISCO)的产品,而且价格低,能为渠道商提供足够大的让利空间。例如,2002 年,一家小运营商 Leap Wireless 使用华为提供的全网 CDMA 移动通信基站和交换机设备,在全美推出每月只有 29.99 美元的不限流量、不限时长的颠覆性话费套餐,受到美国广大郊区人民的最爱。

从 1996 年开始进行数据通信产品开发,到 2001 年,华为已具备了完整的交换机和中低端路由器产品系列,并开始规模销售;到 2002 年,华为在中国路由器的市场份额已达到 25%,仅次于思科的 52%,而在中低端市场华为的份额达到 35%,与思科的 46% 相距不远,如图 6-1 和图 6-2 所示。

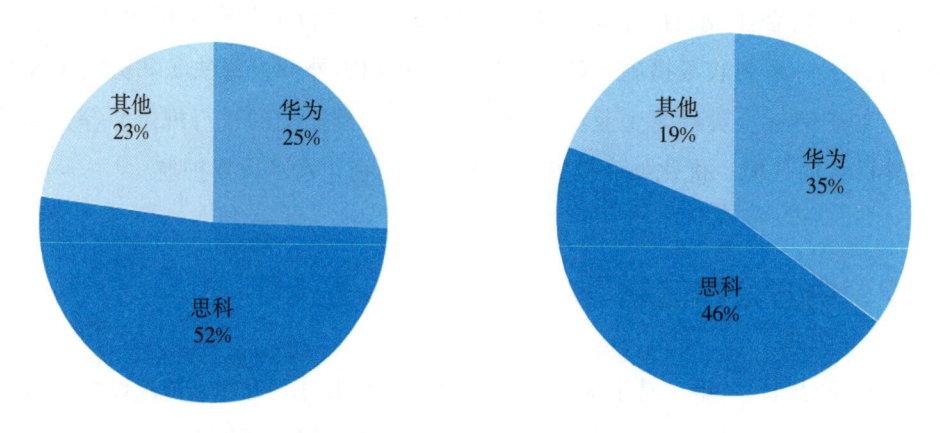

图 6-1 华为和思科在中国路由器市场份额情况　　图 6-2 华为和思科在中国路由器低端市场份额情况

在路由器的市场占有率方面,华为成为思科在中国最大的竞争对手,华为也成为除了思科之外全球唯一能够提供从低端到高端全系列路由器和交换机解决方案的公司。即使思科主动下调中国市场的价格,也不能改变其市场份额下降的事实,思科的市场占有率在 2002 年前两个季度已从 80% 下滑至 73%。

华为进入美国市场后,其高质量、低价格的数据通信产品大受欢迎,2022 年其在美国市场的销售额就比上一年度增长了将近 70%,这一迅猛的发展趋势引起了思科的担忧。

为了遏制华为的市场发展势头，思科在美国发起了对华为的知识产权诉讼，要求华为承认侵权，终止销售相关产品，并对思科做出赔偿。思科起诉后，华为成立了专业的应诉团队，包括知识产权、法务、研发、市场、公关等多个部门，集中公司主要力量来应对这场可能影响公司命运的重要诉讼。

6.3　美方公司信息：3Com 公司

3Com 公司成立于 1979 年，是美国一家久负盛名的信息技术公司，于 1984 年 3 月在美国纳斯达克上市。3Com 公司的创始人是以太网之父鲍勃·梅特卡夫，鲍勃·梅特卡夫认为以太网的核心是电脑（computer）、沟通（communication）和兼容性（compatibility），巧合的是，这三个单词都以 com 开头，所以他就将自己的公司命名为 3Com。3Com 公司推广的以太网技术成功淘汰了其他局域网技术，成了现代网络的基础。

3Com 公司的整个业务包括 3Com 企业网络和 3Com 网络连接两个板块。其中，企业网络板块主要为各种类型的企业和公共部门提供创新实用的高价值网络基础架构产品、解决方案和服务；网络连接板块主要为网络边缘提供易用、可靠的高性能连接解决方案。当然，3Com 公司所涉及的行业除了网络通信，还包括操作系统、工作站、掌上电脑等。3Com 公司在全球有近 5 万家渠道商，在美国的主流高端市场占据着重要位置。

3Com 公司作为美国著名的设备提供商，拥有超过 2700 名工程师，有超过 1400 项美国专利以及将近 180 项中国专利，此外，还有 1050 多项正在申请中的中国专利，在中国之外，还有 35 个独立创新正在申请专利，内容涵盖范围广泛的网络技术。2001 年，3Com 公司在所有批准的美国专利排行榜上名列第 76 位，明显超过了其他主要网络竞争对手。2000 年 3 月，因为与思科系统的激烈竞争，3Com 公司退出了高端路由器业务。在服务器用网络卡业务方面，在计算市场份额后，3Com 公司排名第二，紧接英特尔之后。3Com 公司以雄厚的知识产权为基础，推出了一代又一代的创新产品，始终保持着市场占有率领导者的地位。

6.4 谈判动因

20世纪90年代中叶以后，3Com公司未能及时地应对互联网所带来的巨大市场机会和变革，而是通过在1997年收购U.S.Robotics公司，将战略重心转移到了调制解调器市场，以致错过了以太网技术从十兆向百兆的转型升级。3Com公司在后来的竞争中，被思科追平甚至后来居上，至1994年，3Com和思科的市值均为90亿美元。3Com为了寻找新的业务增长点做的几次收购的成效也均非常令人失望。21世纪以来，3Com业绩持续下滑，销售额从2000财年的（3Com的财年在每年离5月31日最近的星期五结束）43.3亿美元下降到2003财年的9.3亿美元，其在2000财年尚有6.7亿美元的净利润，此后连年亏损，2003财年亏损了2.8亿美元。因此，3Com希望通过与华为的合作，增加在中国、日本等地的市场份额，扩大产品线，共同抵抗思科。

华为在美国遭到思科的起诉之后，除了集中力量应诉外，同时，诉讼的负责人郭平同时兼任与3Com公司合资的谈判负责人，这一谈判已经进行了一段时间。华为也希望借助3Com在全球近5万家渠道商的网络，并打入欧美的主流高端网络通信市场。因此，双方都有意向建立一个合资公司，实现共赢的目标。

6.5 谈判目标

谈判的时间设定是2003年，学生谈判团队分别代表当时的华为公司和3Com公司，从当时的环境出发，合理地模拟双方公司关于建立合资公司的谈判并制定符合公司利益的目标。

6.6 谈判准备

准备1：了解《中华人民共和国外商投资法》和国家工商行政管理局《关于中外合资经营企业注册资本与投资总额比例的暂行规定》。

准备2：华为公司的谈判目标。

准备3：3Com公司的谈判目标。

6.7　参考文献

[1] 长平研投. 悲壮的全球化：华为二十几年三种策略进军美国市场屡战屡败终成憾 [EB/OL].[2022-12-05].https://www.163.com/dy/article/I52437IS05562BOT.html.

[2] 李俊杰. 中国企业跨境并购 [M]. 北京：机械工业出版社，2013.

[3] 华为公司官网 [EB/OL].[2022-12-10].https://consumer.huawei.com/cn/about-us/.

第 4 部分
公司并购谈判案例

第 7 章　中德公司关于库卡的并购谈判

7.1　中企并购国外企业背景

并购听上去有点像鸠占鹊巢，而并购的目的是想实现 1+1 > 2，并购并不总是你情我愿，有时也会出现一方"被迫成婚"的现象。能被管理良好的公司并购的企业，要么能够与并购公司实现资源互补，要么公司有了过剩的资金，但既不返还给股东，又不重新配置进行明智的收购，这种情况下被其他公司盯上，也属情理之中。还有一种是企业效率低下，但进步空间巨大，也会成为被收购的对象，对于企业众多、产能过剩的行业来说，兼并收购的浪潮也是必然趋势，更有甚者，把并购当成消灭竞争对手、巩固自己垄断地位的一种方法，乐此不疲。跨国并购有一个铁打的"七七定律"，即 70% 的并购没有实现预期的商业价值，其中又有 70% 失败于并购后的文化整合。并购难，并购后的整合更难。很多的企业并购因为误会而结合，又因为了解而分开。然而，大量的失败的并购案例也不能阻挡并购的步伐。

中国资本大规模地扬帆起航，出海弄潮已经有 20 多年的时间。2001 年入世以来，海外并购的数量、规模和复杂性不断提升。2015—2020 年，中国已累计达成 800 多宗海外并购。这些并购涵盖了各行各业，家电行业也不例外。家电有黑白之分，白家电指空调、洗衣机、冰箱类产品，早期外观以白色为主，故又称为白电；黑家电指电视机、影碟机、音响之类，早期外观以黑色为主，又称为黑电。无论是白电还是黑电，竞争都日趋激烈化。如果用一个成语来形容白电的四大巨头——格力、美的、海尔和奥克斯的竞争激烈程度，贴身肉搏最形象不过。格力在空调领域不再一骑绝尘，而是被美的紧紧追赶，差距越来越小。三大巨头都使出吃奶的力气求变，并购成了它们的一条出路：青岛海尔以 55.8 亿美元完成对通用（GE）家电的收购，格力电器以 130 亿元并购珠海银隆，美的集团以 514 亿日元收购东芝白电。

7.2 收购方资料：美的集团

美的集团是一家以家电制造业为主的大型综合性企业集团，名列财富 500 强之一。美的集团于 2013 年 9 月 18 日在深圳证券交易所上市，共发行股份 6.863 亿股，目前总市值为 5734 亿元，美的集团前两大股东分别为美的控股有限公司和香港中央结算有限公司，前者持有美的集团 32.18% 的股份，后者持有 12.59% 的股份。这家全球化科技集团的产品及服务惠及全球 200 多个国家和地区约 4 亿用户，形成了美的、小天鹅、东芝、华凌、布谷、COLMO、CLIVET、EUREKA、库卡、美芝（GMCC）、威灵在内的多品牌组合。在中国商业史上，美的的发展史，可以说是一部并购的历史。表 7-1 生动地再现了美的集团由一个乡镇企业发展成为世界 500 强的"穷小子"逆袭史。

表7-1 美的集团的并购史

年份	并购事件
1998	美的并购东芝的万家乐
2001	美的收购日本三洋的磁控管工厂
2007	美的收购荣事达
2008	美的收购小天鹅
2010	美的收购埃及最大的家电企业 Miraco 公司 32.5% 的股权
2011	美的收购位于巴西的开利拉美空调业务公司 51% 的股权
2015	美的与国际中央空调巨头开利合作、和德国最大的工业企业博世成立合资公司、与日本希克斯公司成立合资公司
2016	收购意大利中央空调企业 Clivet S.P.A 80% 的股权、收购日本家电巨头东芝白电业务 80.1% 的股权

美的集团和格力电器绝对是家电行业的一对闪耀明星，两者之间的竞争也异乎寻常地激烈和精彩。格力电器的主打品牌空调占据了营收的 69%，内销占据了 64%。反观美的集团，其产品线丰富，海外营收发展迅速，这样的差异最终使得美的集团从 2016 年到 2020 年这五年的时间里在营业额上一直超越格力电器，如图 7-1 所示。

单位：亿元人民币

图 7-1　2016—2020 年美的和格力电器营业额

"横看成岭侧成峰，远近高低各不同。"如果换成从净利润角度看美的和格力的竞争，就会得出不一样的结论。在 5 年的净利润中，2016—2019 年格力电器都是超过美的集团的，然而这个差距越来越小，最终在 2020 年被美的集团反超，如图 7-2 所示。

单位：亿元人民币

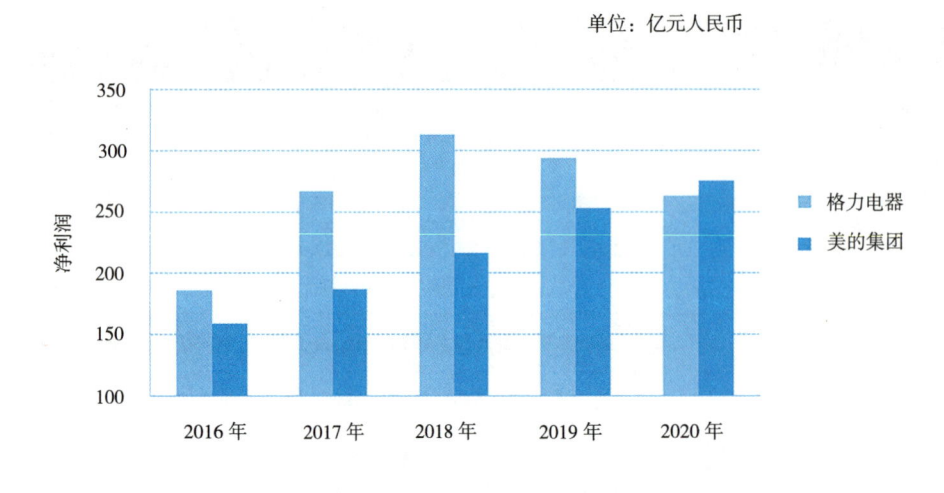

图 7-2　2016—2020 年美的和格力净利润

美的是一家横跨消费电器、暖通空调、机器人及自动化系统的全球化科技集团，提供多元化的产品种类，主要包括消费电器业务、暖通空调业务和机器人及自动化系统业务。具体来看，消费电器业务包括大家电业务板块，主要研发、生产、销售冰箱、洗衣机及相关零部件等产品；小家电业务板块，主要研发、生产、销售微波炉、风扇、电磁炉、电饭煲、洗碗机、饮水机、电压力锅、电热水器等产品；电机业务板块，主要研发、生产、销售微电机、洗涤电机、工业电机等产品。还有以家用空调、中央空调、供暖及通风系统为核心的暖通空调业务；以安川机器人合资公司等为核心的机器人及自动化系统业务。从图7-3和图7-4可以更加清楚地看到这三类业务在整个营收中所占比重以及国内营收和国外营收比重。

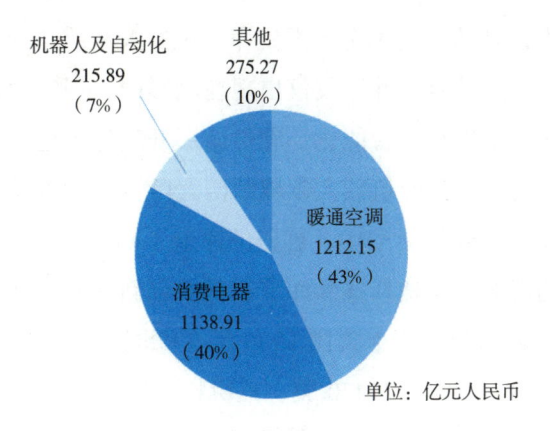

图7-3　2020年美的集团主营构成1

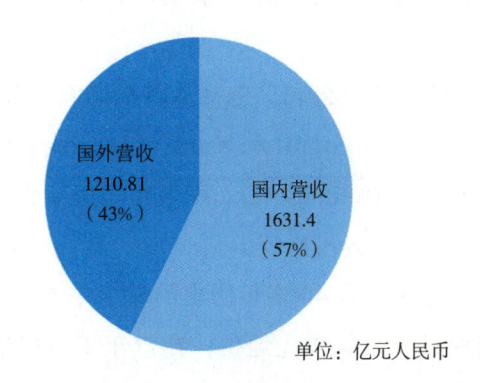

图7-4　2020年美的集团主营构成2

美的国外营收占公司总营收即将超过50%，美的产品已出口至全球超过200个国家，在全球的生产基地有34个和数十家销售运营机构，国内机器人应用总量2210台，国内制造自动化率44.9%。公司对海外市场的产品特色及需求的深入认知，使公司善于把握全球合资合作的机会，有效推动了海外品牌构建与全球区域扩张，稳步提升了其全球化的竞争实力。

7.3 被收购方资料：库卡公司

  会绣花的机器人，是的，这不是天方夜谭，机器人从绣花到食品包装，再到组装汽车，无所不能。机器人的身影并不仅仅出现在电影中，现实生活中也屡见不鲜。工业机器人是集精密化、柔性化、智能化、软件应用开发等先进制造技术于一体的智能制造业最具代表性的装备。工业机器人领域的四大巨头是日本发那科（FANUC）、安川电机（YASKAWA）及瑞士的ABB、德国的库卡（KUKA）。库卡集团成立于1898年，拥有120多年的历史，奥格斯堡为库卡总部及创新中心，库卡在德国及欧洲的工业中，有着举足轻重的地位。库卡集团1980年在德国法兰克福证券交易所上市，全部发行在外的普通股合计为39775470股。福伊特集团是其第一大股东，持有库卡上市公司25.1%的股份；第二大股东为美的的子公司MECCA，共持有13.51%的股份；第三大股东SWOCTEM GMBH.，持有库卡10.02%的股份，是一家位于德国海格尔的投资公司，其投资活动主要集中在欧洲市场，并涉足多个行业内公司的收购及管理；其他股东持有51.37%的股份。

  库卡集团有4个一级全资子公司，包括从事机器人业务的Kuka Roboter GmbH、从事系统业务的Kuka Systems GmbH和Kuka Industries GmbH以及从事自动化仓库和配送物流业务的Swisslog Holding AG。库卡集团的业务主要分布在德国、欧洲其他国家和美国，亚洲和其他地区占比较少。

  在工业机器人制造方面拥有40多年历史的库卡主要业务包含三部分。第一，机器人。库卡机器人板块处于市场领先地位，在汽车工业机器人行业位列全球市场前三、欧洲第一，主要从事开发、制造和销售可应用于自动化制造过程的核心机器人设备，及其相关的服务和控制器。第二，系统。在欧洲和北美，库卡系统为汽车工业自动化解决方案的两家市场引领者之一，主要从事设计和建立涵盖整个工厂价值链的自动化制造系统，包括组件、工具、制造单元及完整的系统。第三，瑞仕格。瑞仕格主要提供多领域创新的自动化解决方案，运用库卡集团多年在汽车工业中积累的自动化技能经验，拓展不同行业的应用，如医疗技术、仓库、物流中心、太阳能工业和航空航天工业等。瑞仕格为客户提供一站式服务，从咨询、设计、实施，到终身的客户服务。

  几乎每个行业中都能自然而然地找到库卡的产品：库卡的产品系列提供优异的自动化解决方案，可用来获得更高的生产流程效率——从单个机器人、专用工作单元到整个设备设计方案。在世界机器人四大家族中，库卡是"最纯粹"的机器人公司。和 ABB 涉猎多个行业不同，库卡的主要业务是机器人本体和集成，并且集中在汽车制造领域。库卡机器人产品依重量分为小型机器人（3～10 千克）、低负荷机器人（6～22 千克）、中等负荷机器人（30～60 千克）、高负荷机器人（80～300 千克）、重负载机器人（240～1300 千克）。库卡提供的这些机器人都是标准工业 6 轴机器人以及一些特殊应用机器人，机械臂工作半径为 635～3900 毫米，全部由一个基于工业 PC 平台的控制器控制，操作系统采用 Windows XP 系统。库卡机器人被广泛应用在仪器仪表、汽车、航天、消费产品、物流、食品、制药、医学、铸造、塑料等工业中，主要应用于材料处理、机床装料、装配、包装、堆垛、焊接、表面修整等领域。库卡除了提供众多具有不同负载能力和工作范围的工业机器人外，在提供生产设备和生产系统方面同样能力出众。

7.4 谈判动因

美的集团想要并购德国的库卡，从战略角度来看，本次交易将是美的集团推进"双智"战略、推进集团全球化发展、优化产业布局、深入全面布局机器人产业的关键一步，具有重大战略意义。具体而言，本次交易完成后：一是，美的集团可凭借库卡集团在工业机器人和自动化生产领域的技术优势，提升公司生产效率，推动公司制造升级，拓展 B2B 产业空间。二是，美的集团子公司安得物流将受益于库卡集团子公司瑞仕格领先的物流设备和系统解决方案，可提升物流效率，拓展第三方物流业务。双方可通过加强合作来驱动不断发展中的中国物流市场仓储及物流自动化进程。三是，美的集团与库卡集团将共同发掘服务机器人的市场，提供丰富的多样化与专业化的服务机器人产品。美的集团将结合库卡集团在机器人业务上的专长及美的在消费者中的影响力，合力拓展多领域的机器人市场。

库卡之所以对美的集团青睐有加，是因为上游制造业的下滑导致库卡业务转冷，为了开拓中国市场，其需要借力美的的资源。作为美的供应商的库卡一直想在中国市场大有作为，在几次与美的接触后，其意识到美的在中国市场的影响力和资源调配能力，更对美的今后的发展战略表示认同。库卡管理层欢迎美的作为股东参与库卡，双方达成广泛共识，美的开始了参股库卡。

美的成立的子公司 MECCA 首先分多次在二级市场上收购了总计 13.5% 的库卡股份，成为库卡第二大股东。此时市场开始炒作这家中国股市可能会收购库卡，股价开始从 50 欧元快速上涨。

7.5　谈判目标

　　美的的谈判目标：目前，我国正在以"机器换人"走向工业自动化，如此一个庞大的市场让美的不会熟视无睹。美的可以搞自主研发，可以搞机器人团队，也可以通过收购库卡这样的机器人公司来发展机器人市场。通过收购库卡踏入全球顶尖的智能机器人制造领域，这也是美的开辟利润和规模的新的增长空间的重要方式。为此，美的集团以保证库卡运营上的独立性为前提，无论是在管理层还是技术端都给出了优厚的收购条件，此次的美的模拟谈判团队需要从收购方式、人事安排、收购价格、知识产权保护等方面设计谈判目标并达成协议。

　　库卡的谈判目标：四大家族均有不同程度的扩张计划，但都表现出共同的特点，即持续扩张产能并将发展重点瞄准了中国市场。一方面，是出于高端行业的未来发展前景较好，四大家族对机器人行业景气度的信心都不言而喻；另一方面，中国作为全球机器人最大需求市场，其地位日益重要，未来成长空间较大。其他三大家族也加快了对中国市场的布局，安川电机与长盈精密正式成立合资公司广东天机机器人有限公司，通过技术合作拓展中国市场，2017 年已生产 500 台小型 6 轴机器人，2018 年生产 2000 台，2021 年实现年产 1 万台的规模；2018 年 5 月，ABB 重庆应用中心正式开业，为客户提供从应用开发、前端销售、系统集成到客户服务的全价值链业务支持；发那科投资 1 亿元签约重庆技术中心项目，2020 年实现年产工业机器人 1 万台、服务机器人和特种机器人 2 万台的能力。

　　考虑到美的集团的收购将帮助库卡集团拓展其中国市场、继续推进工业 4.0 发展战略，以及发展物流自动化和服务机器人业务等，公司董事会和执行委员会推荐库卡集团股东接受本次收购。围绕库卡技术对接美的已有业务和开拓中国市场成为美的迎娶"欧洲贵族小姐"库卡的最大动因，也是库卡管理层最看好美的的根本原因。

　　此次的库卡模拟谈判团队需要从收购方式、人事安排、收购价格、知识产权保护等方面设计谈判目标并达成协议。

7.6 谈判准备

准备 1：美的集团的谈判议程。

准备 2：库卡的谈判议程。

附件 1：
Group income statement of KUKA

In € millions	2019	2020
Sales revenues	3192.6	2573.5
Cost of sales	−2515.6	−2069.4
Gross earnings from sales	677.0	504.1
Selling expenses	−291.6	−256.9
(Of which, impairment losses including reversal of impairment) Losses on trade receivables and contract assets	(1.9)	(−2.3)
Research and development costs	−160.5	−178.0
General and administrative expenses	−190.4	−176.5
Other operating income	30.7	10.0
Other operating expenses	−13.8	−14.5
Loss from companies consolidated at equity	−3.6	−1.4
Earnings before interest and taxes (EBIT)	47.8	−113.2
amortization	128.7	146.4
Earnings before interest, taxes, depreciation and amortization (EBITDA)	176.5	33.2
Changes in value of financial investments	−2.1	−2.9
Interest income	27.6	26.9
Interest expenses	−19.9	−20.0
Foreign currency gains/losses	1.0	−1.0
Financial result	6.6	3.0
Earnings before taxes	54.4	−110.2

Continued

In € millions	2019	2020
Taxes on income	−36.6	15.6
Earnings after taxes	17.8	−94.6
(Of which, attributable to minority interests)	(8.1)	(8.5)
(Of which, attributable to shareholders of KUKA AG)	(9.7)	(−103.1)
Earnings per share (undiluted/diluted) in €	0.24	−2.6

附件2：

Group cash flow statement of KUKA

In € millions	2019	2020
Earnings after taxes	17.8	−94.6
Income taxes	34.0	26.4
Net interest	−8.6	−7.0
Amortization of intangible assets	47.0	63.1
Depreciation of tangible assets	44.9	46.9
Depreciation of financial investments	2.1	2.6
Depreciation of right-of-use assets	36.8	37.2
Other non-payment related income	−23.3	−48.6
Other non-payment related expenses	16.4	14.9
Cash earnings	167.1	40.9
Losses from the disposal of assets	1.2	2.7
Changes in provisions	4.5	−25.2
Changes in current assets and liabilities		
Changes in inventories	121.5	32.8
Changes in receivables and deferred charges	8.1	88.4
Changes in liabilities and deferred income (excl. Financial debt)	−70.3	−15.8
Income taxes paid	−13.3	−32.0
Investments/financing matters affecting cash flow	−4.3	−14.4
Cash from operating activities	214.5	77.4

Continued

In € millions	2019	2020
Payments from disposal of fixed assets	3.3	5.9
Payments for capital expenditures on intangible assets	−39.6	−34.7
Payments for capital expenditures on tangible assets	−111.5	−46.1
Proceeds from financial investments and at-equity investments	15.8	3.2
Payments for financial investments	−12.7	−4.5
Payments for/proceeds from financial assets related to short-term financial management	−50.0	11.1
Payments for the acquisition of consolidated companies and other business units	−26.5	−2.0
Interest received	27.4	26.7
Cash flow from investment activities	−193.8	−40.4
Free cash flow	20.7	37
Cash flow from financial activities	87.8	−42.7
Payment-related changes in cash and cash equivalents	108.5	−5.7
Changes in cash and cash equivalents related to the scope of consolidation	−1.6	—
Exchange-rate-related and other changes in cash and cash equivalents	−0.7	−24.5
Changes in cash and cash equivalents	106.2	−30.2
(Of which, net increase/decrease in restricted cash)	(0.0)	(−0.5)
Cash and cash equivalents at the beginning of the period	478.6	584.8
(Of which, restricted cash)	(0.5)	(0.5)
Cash and cash equivalents at the end of the period	584.8	554.6

附件3：

Assets of KUKA

In € millions	2019	2020
Non-current assets		
Intangible assets	565.5	533.3
Property, plant, and equivalent	366.6	353.1
Financial investments	24.1	17.1
Investments accounted for at equity	34.0	26.4

Continued

In € millions	2019	2020
Right-of-use assets	135.0	115.5
	1125.2	1045.4
Finance lease receivables	152.5	119.6
Income tax receivables	—	1.0
Other long term receivables and other assets	20.0	2.9
Deferred taxes	86.7	127.8
	1384.4	1296.7
Current assets		
Inventories	344.5	307.9
Receivables and other assets		
Trade receivables	443.5	395.4
Contract assets	461.5	360.9
Finance lease receivables	29.4	28.4
Income tax receivables	26.1	30.2
Other long term receivables and other assets	152.4	142.4
	1112.9	957.3
Cash and cash equivalents	584.8	554.6
	2042.2	1819.8
	3426.6	3116.5

附件 4：

Equity and liabilities of KUKA

In € millions	2019	2020
Equity		
Subscribed capital	103.4	103.4
Capital reserve	306.6	306.6
Revenue reserve	650.1	546.1
Other reserves	9.7	−32.9
Minority interests	278.8	280.5
	1348.6	1203.7

Continued

In € millions	2019	2020
Non-current liabilities		
Financial liabilities	232.0	221.6
Financial liabilities to affiliated companies	150.0	148.4
Lease liabilities	105.8	92.9
Other liabilities	43.7	20.0
Pension provisions and similar obligations	116.9	117.6
Deferred taxes	41.8	34.1
	690.2	634.6
Current liabilities		
Financial liabilities	152.6	154.6
Lease liabilities	32.5	28.7
Trade payables	402.3	353.3
Contract liabilities	337.1	316.3
Accounts payable to affiliated companies	0.1	0.1
Income tax liabilities	46.1	43.5
Other liabilities and deferred income	229.9	213.1
Other provisions	187.2	168.6
	1387.8	1278.2
	3426.6	3116.5

附件5：

境外可比上市公司

国家	公司名称	企业价值/企业估值倍数（过去12个月）	企业价值/销售额（过去12个月）	市盈率	市净率
瑞士	ABB	10.8X	1.4X		
日本	发那科	10.3X	3.9X		
日本	安川电机	7.6X	0.9X		
平均值		9.6X	2.1X		

境内可比公司

公司名称	企业价值/企业估值倍数（过去12个月）	企业价值/销售额（过去12个月）	市盈率	市净率
机器人	71.2X	21.4X		
博实股份	54.1X	16.7X		
三丰智能	201.7X	18.7X		
亚威股份	43.0X	5.3X		
佳士科技	40.8X	5.1X		
瑞凌股份	44.9X	5.2X		
软控股份	61.8X	7.0X		
埃斯顿	93.4X	14.0X		
平均值	70.1X	10.8X		

附件6：

四大机器人优劣势对比

公司	主要业务	工业机器人业务[工业机器人由核心零部件（72%）、机械本体（22%）和系统集成（6%）三部分构成。核心零部件包括减速机（36%）、伺服电机（24%）和控制器（12%），是工业机器人产业的核心壁垒]	产品优势	产品劣势
ABB	机器人、电气化产品、工业自动化、电网	控制系统	毛利率第三、运动控制系统最好	减速器需要外购，不能自产、机器人最贵、交货时间长
发那科	机器人、工业自动化、机器人机床、服务	数控系统	毛利率第一、工艺控制更加便捷、高精度（将数控机床精加工的刀片补偿功能应用到机器人）	减速器需要外购，不能自产、人机界面操作复杂、稳定性不好
安川	机器人、运动控制、系统工程（工厂电气设备）	伺服系统和运动控制器	毛利率第二、价格最低、性价比最高、稳定性最好	减速器需要外购，不能自产、人机界面操作复杂、精度略差
库卡	机器人、系统集中、瑞士格	控制系统和机械本体	专注机器人，营收增速最快、人机界面操作简单、工业机器人本体最好、重负载机器人领域最好	减速器和伺服系统需要外购，毛利率第四、机器人返修率高

附件 7：

意向函范本——以股权收购为例

提要：

1. 意向函一般会包含交易条款的概要，而各方正是希望依照该等条款继续就最终交易进行谈判。与涉及公众公司的交易相比，非公开交易更普遍地采用意向函。公众公司往往不愿意签署意向函，因为签署意向函可能导致其承担信息披露义务。

2. 签署意向函有其优点和缺点。一般来说，收购方青睐意向函而卖方则不是这样，这是因为收购方可以借意向函中的排他性条款约束卖方，并有效地制止其他潜在买家在并购市场中接触卖方。

3. 大多数情况下，意向函不具有约束力。签订意向函最显著的不利之处也许就是意向函可能被解释为有约束力的协议，并因此产生风险。决定意向函是否有约束力是一项事实问题，而且取决于，交易各方是否希望受意向函约束，或交易一方是否向另一方明确表示不愿受意向函约束。

4. 签订意向函的优点之一在于，交易方可以根据《哈特—斯科特—罗迪诺反托拉斯改进法》的要求提出申请，因此可以在交易方提供最终交易文件之前就开始计算等待期。因此，如果在交易中存在时间问题，意向函是一种可以加速交易进程的方法。

5. 一些法院将签订意向函解释为向交易方施加了与对方善意谈判的默示义务。如果对此解释有所担忧，那么意向函中应当明确声明排除该等义务。

6. 一份优秀的意向函一般会涉及下列内容：

（a）对各方计划采纳的交易类型（如股权并购或资产并购）的说明，包括对拟收购资产及所承担（或排除）的责任的概括说明；

（b）完成相关阶段的大致时间表，如关于尽职调查与交易结束的时间安排；

（c）购买价格，包括任何购买价格调整条款或获利支付条款（earn-out provisions），以及购买价格中是否包含被留作用于支付索赔金额的托管金；

（d）对将要做出的陈述与保证所做的说明；

（e）就最终协议中将包含的赔偿条款所做的说明；

（f）就任何必须在交易完成前得到满足的条件所做的说明，特别是那些针对在交易完成前须获取的任何许可与同意所做的说明；

（g）就双方不希望意向函具有约束力所做的声明（或就双方希望某些条款具有

约束力所做的声明）；

（h）如果双方希望或被要求承担善意谈判义务，那么意向函应包含就交易方善意谈判义务所做的声明；

（i）关于禁止卖方在指定期间内为公司选择其他买家的声明；

（j）关于解释意向函以及交易各方根据意向函承担责任所适用法律的声明；

（k）关于各方均自担费用的声明；

（l）关于本意向函、意向函内容以及交易方之间讨论应保密的声明；以及关于意向函终止时间的声明。

日期：_____

收件人：_____

尊敬的_____：

我方很高兴就收购_____（以下简称"公司"）的所有已发行股本事宜，将此不具约束力的意向函递交给贵公司，以供贵公司考虑。

[在起草本意向函时，我方依赖_____提供给我方的财务信息、经营预期和对经营与资产状况的说明（包括日期为_____的公司"保密备忘录"中的管理报告及信息），并且假定所有上述信息在所有重大方面均为正确。][**起草建议**：虽然本条款并不构成卖方对信息正确性的陈述或保证，但如果上述信息不正确，那么本条款确实可以为收购方就意向函中提出的价格要求重新进行谈判提供充分依据。]

[我方希望完成余下的尽职调查、有关的融资工作与法律文件准备工作，以便在_____之前完成收购，但前提条件是所有必需的政府和第三方许可（包括但不限于《哈特—斯科特—罗迪诺反托拉斯改进法》项下要求的许可）均于该日期之前获得。]

[**起草建议**：请谨慎使用上述语句。虽然该等语句不具有约束力，但会引起卖方的期待。一些收购方愿意使用上述语句，以便向卖方表明收购方能够尽快完成交易。]

我方愿提议的关键条款和条件如下，该条款和条件将作为就最终交易文件进行谈判并签署该等文件的基础：

（1）**交易结构**。

_____，或其指派的人员（统称"收购方"），将从公司现有股东手中收购公司所有股权（"收购"）。

（2）收购对价。

为购买公司所有股权所支付的价格应为_____美元，该价格在下述情况下可以进行调整（下称为"收购价格"）。[收购价格适用的前提是：（a）公司在交割时没有未清偿的债务；且（b）公司或任何公司股东就交易所应支付的费用（包括但不限于为交易目的而支付给投资银行和法律顾问的报酬和费用）将在交割前由公司支付，或者由拟出售股权的股东直接支付。]

（3）根据流动资本状况所做的调整。

收购价格将根据公司的净流动资本量超出或少于双方同意的，并在最终交易文件中经过谈判而规定的起点金额的金额，以一美元对一美元的基础进行调整。

（4）陈述与保证，赔偿条款。

最终的股权收购协议将包含陈述与保证条款、承诺条款以及赔偿条款，该等条款应使各方满意、合乎惯例并且适合于本交易的类型。陈述与保证条款涉及的内容包括但不限于：与组织结构、企业良好存续状态、授权、资本化、财务报表、资产与股份所有权、税收、《1974年雇员退休收入保障法》（ERISA）、环境保护、库存与应收账款相关的事项。最终的股权收购协议包括赔偿条款。根据该条款，拟出售股权的股东将为违反陈述与保证条款和承诺条款的行为承担连带责任。就违反陈述与保证条款所做赔偿的最高限额为收购价格的_____%（以下简称"最高限额"），引发赔偿责任的最低金额为收购价格的_____%（以下简称"引发金额"）；但上述最高限额与引发金额不适用于违反税收、所有权、资本化与授权事项的陈述或违反承诺的行为。陈述与保证条款所针对事项的一般存续期间为_____个月，有关所有权、资本化与授权的陈述存续期间为无限期，有关税收与《1974年雇员退休收入保障法》事项的陈述存续期限为相应的法定时限届满后30天，与环境保护事项有关的陈述存续期限为相应的法定时效期满后5年。

（5）交割前提条件。

本意向函所描述交易的交割依赖于最终股权购买协议与其他法律文件的签署，该等法律文件都必须在形式和实质上满足收购方与卖方的要求。交割也取决于公司获取并向收购方提供收购所要求的任何政府或第三方批准、许可和/或同意。[**起草建议**：其他可以考虑加入的条件包括：收购方融资；收购方股东/董事会批准；能满足收购方要求的、针对关键员工的聘用安排，以及不得对公司进行重大不利改变。]

（6）排他性。

从本意向函签署日期开始至终止日，公司以及公司董事、管理人员、员工、股东、代理商或代表均不得：（a）请求、发起或鼓动任何关于购买公司资产或股权的提议；（b）就上述任何提议签订任何协议；（c）参与任何可以被合理认定为可能导致任何上述提议的讨论或谈判；或（d）向任何促使完成上述提议的人提供任何信息（在任何情况下，该等人士不包括收购方）。

（7）**本函不具有约束力、终止**。

除本意向函第 6 条、第 9 条、第 10 条、第 11 条、第 12 条和第 13 条以外，本意向函不构成收购方、公司或卖方之间有约束力的协议。

（8）**提议有效期**。

本函中规定的提议在_____国东部标准时间_____年_____月_____日下午 5 点之前有效。如果贵公司希望在本意向函规定的基础上继续进行谈判，请于上述日期与时间前（包括当日与当时）签署本意向函，并且将签名盖章的副本送至本函末尾的署名人。在以下情形下，本意向函将自动终止，本意向函终止时间以下述较早发生的情形发生的时间为准：（a）收购方、卖方与公司之间签署最终的收购计划；（b）收购方与卖方达成一致协议；以及（c）至_____年_____月_____日期满。尽管有前述规定，本意向函第 1 条、第 9 条、第 12 条和第 13 条在本意向函效力终止后仍然有效，且本意向函效力的终止并不影响任何一方针对另一方在本意向函效力终止前违反本意向函条款的行为所享有的权利。

（9）**适用法律**。

无论根据有关冲突法或法律选择原则是否存在其他适用法律，本意向函以及各方权利义务应适用_____国_____州实体法律，并按该州法律解释。

（10）**信息获取**。

就与收购相关的公司某些财产、业务人员及财务、法律、税务以及其他方面的数据和信息，公司应根据收购方、收购方代表或代理人的要求，允许收购方、收购方代表和代理商在得到合理事先通知的情况下接触该等财产、人员、数据和信息，并促使其相应的关联企业、管理人员与代理商允许上述收购方、收购方代表和代理商以同样方式接触上述信息。

（11）**费用**。

根据上述第 6 条规定的"排他性协议"，就本意向函及收购，各方应自行承担各自有关的成本与费用。

（12）**保密**。

公司、卖方、收购方或其相关管理人员、董事、关联企业、代表或顾问，均不得未经另一方事先书面同意，就本意向函或本意向函所述交易发布公告，或向任何第三方披露本意向函条款和本意向函存在的事实（除非接收有关信息的一方是其各自的顾问、代表或代理商，对其披露的信息也仅仅是该等人员就评估有关交易、就有关交易进行谈判和根据法律要求所必须获得的信息；在进行该等披露之前，收购方和卖方应在合理可行的前提下与对方协商）。

（13）无第三方受益人。

除非在此处做出特别说明，本意向函条款无意也不应被理解为赋予各当事方、当事方继承人或权利受让人以外的任何自然人或实体任何基于本意向函的权利或救济。

（14）副本。

本意向函可有若干副本，每份副本均应视为原件，并共同构成一份完整的协议。

如果贵公司希望在本意向函规定的基础上就此交易继续进行谈判，请签署本意向函，并将签名盖章的本意向函副本送至下述签字人。

收购方

姓名：_____

职位：_____

公司：_____

卖方

姓名：_____

职位：_____

公司：_____

第8章 中瑞公司关于先正达的并购谈判

8.1 并购背景

全球的农资产品市场出现了六巨头，分别是美国公司孟山都、杜邦、陶氏化学，瑞士公司先正达，德国企业巴斯夫和拜耳。孟山都是全球最大的种子公司，而先正达则是全球最大的农业化工企业。2015年，位居世界化学工业界第一梯队的美国杜邦和美国陶氏化学宣布合并新公司陶氏杜邦，两家公司的产品重叠并不广泛，合并后的公司未来将寻求分拆为三家独立的上市公司，分别专注于农业、材料和特种产品。此次合并历时21个月，最终于2017年9月完成合并，合并后的新公司陶氏杜邦或将仅次于世界第一化工厂巴斯夫。根据交易条款，杜邦股东手中每股股票将可获得1.282股陶氏杜邦股票，陶氏股东手中每股股票可获得1股陶氏杜邦股票。两公司现有股东将各自拥有合并后公司大约一半的股份。

2018年，德国化工、农业巨头拜耳花费630亿美元、耗时两年收购了面临经营困境的曾经的全球转基因（GE）种子的领先农业公司孟山都，被收购后，孟山都的名字将不复存在。此次拜耳收购孟山都的溢价率是26.1%。美国政府称，两家公司与美国司法部达成和解，解决了政府关注的问题，即最初交易架构会伤害消费者和农民。根据和解协议，拜耳几乎需要将所有种子和特性业务出售给化工集团巴斯夫，剥离的资产包价值约90亿美元，是美国并购执法案件中最大的一笔。

目前，全球种子市场拜耳和孟山都的全球份额达到40%，陶氏杜邦的全球份额达到30%。

全球农药行业的格局同样也在发生重大转变，拜耳和孟山都占全球市场份额的23%，中国化工并购先正达占全球市场份额的21%，陶氏杜邦占全球市场份额的21%，巴斯夫则是从巨头并购中的剥离业务得到壮大，其业务占全球市场份额的11%，全球农化形成4强格局，业务集中度提高明显。

国以民为本，民以食为天，农业的位置举足轻重。中国只有全球6.5%的耕地，却要养活全球22%的人口。种子和农药的重要性不言而喻，而中国种子和农药企业整体上规模小、技术水平较低。种子业务是中国当前较为空白的领域。在育种方面，国内绝大多数企业还是以"代繁"为主，原创研发能力也亟待加强。而且，中国对农药的需求巨大，但是缺乏原药研发能力。虽然国内农药厂商千万，但多数是加工厂，技术实力是短时间较难赶上的"鸿沟"。

8.2 买家与卖家的信息

8.2.1 卖家信息：先正达

先正达是世界领先的农业科技企业，全球500强企业、世界第一大植保企业、第三大高价值商业种子企业。先正达在2000年11月13日从世界心血管药物的领头羊——阿斯特拉捷利康的农化业务，即捷利康农业部门以及诺华的作物保护和种子业务中独立出来，合并组建而成，总部设在瑞士巴塞尔。先正达的业务遍及全球90多个国家和地区，拥有员工27600人左右，其中约25%的员工从事研究和开发工作。先正达在瑞士证券交易所（代号：SYNN）和纽约证券交易所（代号：SYT）上市。先正达共发行461102500股，目前每股的价格是92.9美元。

在世界六大农资巨头中，唯有先正达是单一的农业公司，其产品线专注在农药和种子，先正达拥有行业内最广泛的产品组合，包括植保产品、种子产品和作物解决方案。其中，植保产品包括杀菌剂、杀虫剂、除草剂、种衣剂和生物激活剂。种子产品包括大田农作物种子和蔬菜种子。大田种子主要是指玉米、油籽、谷物和甜菜。2007年，先正达收购了以色列泽文种子公司，引进了其优质的番茄、黄瓜、西瓜等品种资源，进一步充实了先正达的产品线。先正达不断创新以满足种植者对高档产品的要求，其主打产品如甜椒、辣椒、番茄、花椰菜、青花菜、菠菜、甘蓝、西瓜、甜瓜、黄瓜等已经成为行业知名的优秀品种。先正达的作物解决方案帮助农民增加水稻、玉米、小麦和马铃薯的产量。

先正达在农药和种子方面具有一定的优势。巴斯夫、拜耳、先正达等巨头研发的农药占据全球80%的市场，其中先正达占据20%左右的全球市场。陶氏杜邦、孟山都和先正达三家就手握着80%以上的种子市场资源，其中先正达占据10%左右的市场份额。这10%的市场份额来之不易，因为种子行业具有投资大、周期长、风险高的特点，进入门槛高，平均每个新品种研发需要8～10年时间，耗资达到1.3亿美元。原创农药企业每年投入研发费用较高，一般占总销售额的 9%～13%，而每个新品种平均研发时间需要 8～10 年。正因为如此，先正达每年研发投入约占年销售额的 10%，才能占据 10% 左右的市场份额。

先正达的农业业务和孟山都可以互补，但是先正达在玉米、蔬菜与其他作物种子业务方面与孟山都存在重合状况，双方公司可以说既有合作又有竞争。

8.2.2 买家信息：中国化工集团公司

中国化工集团公司是在中国蓝星（集团）股份有限公司（以下简称"蓝星公司"）、中国昊华化工（集团）总公司（以下简称"昊华公司"）等原化工部直属企业重组基础上新设的国有大型中央企业，于 2004 年 5 月 9 日正式挂牌运营，隶属国务院国资委管理。中国化工集团公司的简称是中国化工，而不是中化集团，中化集团是四大国家石油公司之一，也隶属于国务院国资委管理。这两家公司已于 2021 年 5 月经国务院批准实施联合重组，重组后的公司名称是中国中化控股有限责任公司，简称中国中化。

中国化工集团有限公司在全国有生产经营企业 112 家，科研、设计院所 24 个。这 112 家生产经营企业以蓝星公司、昊华公司、中国化工装备总公司、中国化工农化总公司、中国化工橡胶总公司和中国化工油气股份有限公司为主。除此之外，中国化工拥有法国安迪苏（Adisseo）公司、法国蓝星有机硅公司、澳大利亚凯诺斯（Qenos）公司和挪威埃肯公司等 4 家海外企业。中国化工在 140 个国家和地区拥有生产、研发基地，建立了完善的营销网络体系，进出口贸易、经济技术合作业务遍及全世界。集团公司拥有外贸进出口经营权、特殊化学品专营权和外事审批权。

过度依赖石油和石油产品，中国化工主业为化工新材料及特种化学品、基础化学品、石油加工及炼化产品、农用化学品、橡胶制品、化工装备 6 个业务板块。在化工新材料及特种化学品领域，中国化工拥有有机硅、有机氟等几十种高技术含量、高附加值产品的开发和生产基地。在石油加工和化工原料领域，中国化工拥有 12 家炼油厂，原油年加工能力 2000 万吨。在农用化学品领域，中国化工农化总公司已成为全国最大的农药企业集团，拥有各类杀虫剂、除草剂、杀菌剂及农药中间体上百个品种，多种农药及中间体产能、产量居国内首位。

并购是突破国际企业桎梏的最快且最有效的选择，并购行业的头部企业可以拿到关键技术、销售渠道等。中国化工从成立后的一年起就开始了连续的海外收购，收购公司涉及领域极为广泛,包括全球最大的非专利农药生产商、以色列的马克西姆—阿甘,第二大氨酸生产企业、澳大利亚最大聚乙烯生产商凯诺斯。此外,还涉及高端轮胎、新太阳能等领域,如表8-1所示。

表8-1 中国化工集团的并购历程

年份	收购主体	收购标的	并购金额	并购公司行业	并购公司所在国	收购股权/%
2005年	中国蓝星	安迪苏母公司 Drakkar Holding S.A	4亿欧元	—	法国	100
2006年	中国化工	凯诺斯	2.325亿澳元	乙烯生产商	澳大利亚	100
2006年	中国蓝星	罗地亚	—	有机硅、硫化物	法国	100
2011年	中国蓝星	奥克拉(Orkla)集团埃肯公司	20亿美元	新太阳能	挪威	100
2011年	中国化工农化总公司	马克西姆—阿甘(后改名安道麦)	24亿美元	非专利农药生产商	以色列	60
2014年	中国蓝星	REC太阳能	6.4亿美元	光能板	挪威	—
2016年	中国化工	倍耐力(Pirelli)	71亿欧元	高端轮胎	意大利	100

8.3 并购动因

收购世界领先的种子公司,有助于中国化工在短期内弥补短板。如果中国化工收购了先正达,可以有效解决农药的技术缺口,并且获得种子技术人才、丰富的种质资源、种子研发技术、育种技术、生产加工技术以及领先的经营管理模式,实现"育繁推"一体化以及种子业务跨越式发展,形成农药、种子齐头并进,平衡发展的产业格局。当然,先正达也很看重中国化工身后巨大的中国农药和种子市场,借助中国化工,先正达可以很快进入中国市场。

因此,中国化工自2009年起就与先正达保持密切联系,一直在寻求合作机会。2015年5月,中国化工抓住先正达多次拒绝其他国际知名化工公司收购要约的机遇,迅速与先正达董事会取得联系,双方进行了艰苦的谈判和交流,期待就并购达成共识。

8.4 买家和卖家谈判目标

中国化工跟先正达的关系不是竞争而是互补关系,两者的合作可以说是潜力无限、取长补短。双方通过合作,共同开发中国农药和种子的巨大市场。接下来,双方需要就此次相关的议题进行谈判。

8.4.1 卖家的谈判目标:先正达

先正达在制定谈判目标的时候,要充分考虑到各种情况。

首先,有两家世界级的公司孟山都和巴斯夫都对收购先正达很感兴趣。孟山都对并购先正达就情有独钟。孟山都的核心利润来源是除草剂草甘膦,然而,杂草对于这种除草剂已经产生了耐药性。2013年,环保组织忧思科学家联盟发现,能够抵抗草甘膦的杂草已经遍布全美国一半以上的农场。为了弥补自己的短板,孟山都第一次提出了价值约450亿美元的主动收购要约,结果被先正达拒绝,因为先正达董事长戴莫瑞(Michel Demare)认为孟山都的收购要约大幅低估了先正达的价值,要约价格不符合先正达的公允价值,同时也低估了合并将会遭遇的监管阻力。先正达公司董事会也基于同样的原因一致决定拒绝此收购报价,称"明显低估公司价值及担忧操作风险"。为了得到各方尤其是先正达管理层对于收购的支持,孟山都主动提高收购报价至470亿美元,但仍被先正达第二次拒绝。即使两次被拒绝,57岁的孟山都首席执行官格兰特(Hugh Grant)表示,他不会因为先正达的屡次回绝而打消收购该公司的念头。除此之外,有媒体报道称,巴斯夫正在考虑可能向先正达发出并购要约。

合理地解决先正达的估值,对于先正达就显得至关重要。而且,先正达对于监管的阻力也深表忧虑。中国化工如果不能通过美国外国投资委员会(CFIUS)等11个国家的投资审查机构及美国、欧盟等20个国家和地区反垄断机构的审查,那么应该支付相应的赔偿金。除此之外,先正达也要合理制定其他的收购目标,完成此次谈判。

如果中国化工集团不能通过包括美国外国投资委员会(CFIUS)等11个国家的投资审查机构及美国、欧盟等20个国家和地区反垄断机构的审查,问题就会很严重。

8.4.2　买家的谈判目标：中国化工集团

中国化工一直在努力寻找进入种子行业的商业契机。先正达无疑是一个很好的选择。然而，中国化工必须先解决以下的问题，然后才能在收购的道路上获得成功。

首先，中国化工了解到有两家世界级的公司孟山都和巴斯夫都对收购先正达很感兴趣。尤其是孟山都，已经进行过两次报价，分别是450亿美元和470亿美元，但是都被先正达管理层拒绝。先正达认为孟山都的收购要约大幅低估了先正达的价值，要约价格不符合先正达的公允价值，中国化工如何解决这一问题。

其次，虽然中国化工认为先正达不会轻易接受孟山都的收购，因为先正达与孟山都在种子业务方面大量重叠，被收购之后的先正达很可能在全球农化市场上被边缘化。但是，先正达拒绝孟山都的另一个原因也是中国化工不得不认真考虑的问题，两者情况非常相似。先正达认为孟山都低估了合并将会遭遇的监管阻力从而拒绝了孟山都，那么中国化工该如何解决这一问题。如果说孟山都在收购先正达的交易中，失败的可能性主要来自美国外国投资委员会（CFIUS）等11个国家的投资审查机构及美国、欧盟等20个国家和地区反垄断机构的审查，比如孟山都和先正达的重合的种子业务会引发瑞士反垄断机构的审查。其实，中国化工和先正达也存在大量的业务重合。比如，中国化工旗下子公司安道麦（ADAMA）在欧洲的部分农药资产，包括杀真菌剂（fungicides）、灭草剂（herbicides）、杀虫剂（insecticides）和种子处理产品（seed treatment products）和先正达存在重合。如果中国化工收购先正达，那么两家企业在许多市场上的份额总和相对很高，中国化工是要剥离ADAMA的产品，还是剥离先正达的产品，这是一个棘手的问题，也是欧盟委员会关切的问题。

另外，美国联邦贸易委员会（FTC）的要求比较容易达到，该机构表示，两家公司想要通过反垄断审查，前提条件是必须在交易完成后剥离三种杀虫剂产品。为赢得美国反垄断监管机构批准，两家企业同意出售中国化工出产的仿制版除草剂百草枯、杀虫剂阿维菌素以及杀菌剂百菌清。百草枯被用于在耕种前除去多种杂草，阿维菌素是一种用于柑橘和坚果产品种植的杀虫剂，百菌清被用于防止花生和土豆遭到真菌感染。先正达目前拥有着三种产品的品牌版本，而中国化工的子企业安道麦（ADAMA）在美国市场出售这些产品的仿制版本。中国化工能否同意将这些仿制业务出售给美国农化企业先锋公司（AMVAC），这也是众多要考虑的问题之一。

瑞士先正达在美国面临的索赔诉讼也是中国化工不得不考虑的一个因素，先正达因向美国堪萨斯州出售未经中国批准的转基因玉米品种 Agrisure Viptera，被当地农民告上法庭。起诉书认为，该公司虚假宣传一种转基因技术"将获得中国批准"的美好前景，在美国大面积推广种植，在 2013 年 10 月，因为检出未经中国农业部批准的 MIR162 转基因成分，美国进口玉米遭拒，美国对中国的玉米出口市场大幅萎缩，并致使美国玉米价格大幅下跌。法院判决先正达支付 2.177 亿美元的损害赔偿金。而且美国农民已至少在 5 个州对瑞士转基因技术巨头先正达提出集体诉讼，要求其赔偿因中国退运造成的数十亿美元损失。

然而厨房里并不会只有一只蟑螂，更坏的消息是，此次赔偿判决下达后，明尼苏达州也将开庭审理一桩类似的索赔案，原告律师 Lewis Remele 表示，如果先正达再次败诉，则可能面临 50 亿至 75 亿美元的赔偿。

中国化工需要妥善处理以上问题，并制定合理的收购价格及其他谈判目标。

8.5 谈判准备

准备 1：中国化工和先正达需要完成表 8-2 内容从而知道六大农资公司的优劣势，为谈判做好基本的准备。

表8-2 六大农资公司对比

公司名称	主营业务	主要市场	专利	优势	农药占比	种子占比
孟山都						
杜邦						
陶氏化学						
巴斯夫						
拜耳						
先正达						

准备 2：估值的方法有几种？优缺点是什么？最常用的是哪种？

准备 3：中国化工集团的谈判目标。

准备 4：先正达的谈判目标。

8.6　参考文献

[1] 产品与解决方案，2021，先正达中国官方网站。

[2] 朱禁弢. 全球农资六巨头争霸：孟山都 2 次收购先正达均遭拒 [J]. 中国经济周刊，2015.

[3] 央视新闻. 中国化工收购先正达后，全球农化格局呈现中美欧"三足鼎立"[EB/OL]. [2023-05-30].https://www.thepaper.cn/newsDetail_forward_1704373.

[4] 中国化工公司网站。

第5部分
知识产权谈判案例

第 9 章　中美公司关于音乐版权的谈判

9.1　谈判背景

知识产权,是关于人类在社会实践中创造的智力劳动成果的专有权利。随着中国知识产权保护的完善,免费听歌或者免费使用歌曲做背景音乐的时代已经结束。目前,中国数字音乐的正版率已经达到96%,远高于全球平均正版率的62%。

音乐版权在所有的版权当中尤为特殊,音乐存在着词曲作者、表演者和录音制品制作者三类主体,且三类主体均可单独主张自己所享有的权利,这尤其增加了音乐相关版权的复杂性以及音乐作品获取、传播的法律障碍。

中国的数字音乐市场主要的公司有腾讯音乐、网易云音乐和阿里音乐。2021年前,各个音乐公司为了发展,树立了独家版权的防护墙。2021年后,在国家版权局的推动下,中国数字音乐市场,已经从独家版权时代彻底进入非独家版权时代。腾讯音乐、网易云音乐及阿里音乐逐步达成了版权合作,各平台相互授权99%以上的音乐版权,剩余的1%作为各平台竞争的核心内容。在阿里音乐、腾讯音乐、网易云音乐版权互授后,在线音乐三大平台版权曲库得以打通。

9.2　买方信息：腾讯音乐娱乐集团

腾讯音乐娱乐集团(以下简称"腾讯音乐")从2003年发展至今,已经有20多年的历史。腾讯音乐在2018年登录纽约证券交易所,市场代码为TME,并且于2022年在香港交易所市场上市,代码为1698。腾讯音乐是中国领先的在线音乐和音频娱乐平台,运营着中国高度流行和创新的音乐应用程序：QQ音乐、酷狗音乐、酷我音乐和WeSing。腾讯音乐平台包括在线音乐、在线音频、在线卡拉OK、以音乐为中心的直播和在线音乐会服务。

腾讯音乐通过已经建立的平台,既是一个音乐流媒体服务提供商,也是一个广泛的社区,让音乐爱好者围绕音乐发现、聆听、歌唱、观看、表演和社交。腾讯音乐提供了一个全面的音乐内容图书馆，包括授权的自我和共同生产的内容。腾讯音乐还提供各种各样的现场和录制格式的专业制作的视频内容，如音乐视频、音乐会和音乐表演。此外，数以亿计的用户在腾讯音乐的平台上分享他们的歌曲、短视频、音乐表演直播、评论和与音乐相关的文章。腾讯音乐是唱片公司和内容所有者的首选合作伙伴，在版权保护方面紧密合作，赋予艺术家、音乐家和表演者创作、传播和赚钱的权利。

对于腾讯音乐这样的公司来说，月度活跃用户人数（MAU）、付费用户的数量、每付费用户平均收入（ARPPU）和套餐费非常重要。截至2022年第二季度，腾讯音乐在线音乐服务的移动 MAU 为 5.93 亿人，与上年同期的 6.23 亿人相比下降 4.8%；社交娱乐服务的移动 MAU 为 1.66 亿人，与上年同期的 2.09 亿人相比下降 20.6%。在线音乐服务的付费用户人数为 8270 万人，与上年同期的 6620 万人相比增长 24.9%；社交娱乐服务的付费用户人数为 790 万人，与上年同期的 1100 万人相比下降 28.2%。在线音乐服务的月度 ARPPU 为 8.5 元，与上年同期的 9 元相比下降 5.6%；社交娱乐服务的月度 ARPPU 为 169.9 元，与上年同期的 153.3 元相比增长 10.8%。以酷狗音乐为例，腾讯音乐推出了多种不同的套餐，如表 9-1 所示。

表9-1 酷狗音乐的不同套餐资费情况

套餐名称	套餐价格/元	套餐内容
一生一世套餐	131.4	豪华 VIP 半年卡加六个月礼品卡
成双成对套餐	258	豪华 VIP 年卡加十二个月礼品卡
天长地节套餐	99.9	豪华 VIP 半年卡加三个月礼品卡
宠爱常在套餐	72	豪华 VIP 季卡加三个月礼品卡

腾讯音乐的营业收入主要来自两个板块，分别是在线音乐服务收入和社交娱乐服务及其他服务。在线音乐服务收入指的是由听歌直接产生的付费，社交娱乐服务则是包括进一步衍生出的直播等其他收入。从图 9-1 中可以看出，两个板块的收入已经非常接近，可以说不分伯仲。

在线音乐收入 35.01（50%）

社交娱乐服务及其他服务 35.03（50%）

单位：亿元人民币

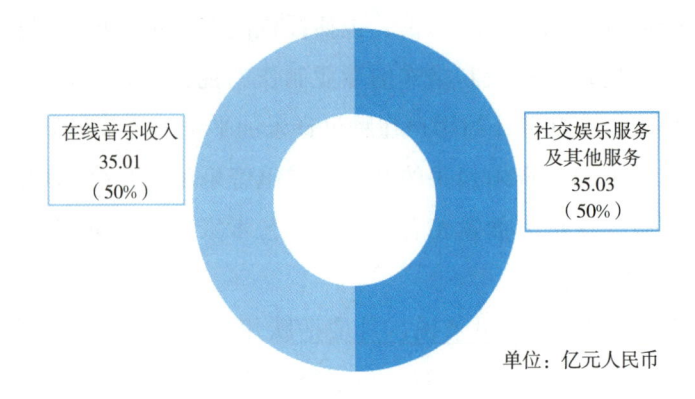

图 9-1 腾讯音乐 2023 年一季度主营业务收入情况

目前，中国国内音乐流媒体行业呈现出腾讯音乐为一"超"、网易云音乐为一"强"的格局。然而，从营收规模、付费用户数量、版权资源和净利润等各核心指标来看，腾讯音乐都大幅领先网易云音乐。

9.3 卖方信息：Peermusic

Peermusic was founded over 95 years ago by renowned visionary Ralph S. Peer, and is the largest independent music publisher in the world, with 38 offices in 31 countries and owning or administering over 1 million copyrights.

With the passing of founder Ralph S. Peer in early 1960, his wife Monique took on the role of Peermusic's CEO and continued to deftly guide the company for the next 20 years. Leading the firm through the album era, Peermusic topped the charts with the Rolling Stones (*Not Fade Away*) and singer-songwriter Donovan (*Sunshine Superman*). UK songwriting team John Carter and Ken Lewis penned the No. 1 hit for The Music Explosion (*Little Bit O' Soul*) and Geoff Stephens brought us the hit *Winchester Cathedral*.

Through the 1970s, Peermusic copyrights became staples of many important rock releases, from *Statesboro Blues* (The Allman Brothers) and *Dancin' In The Ruins* (Blue Oyster Cult). The firm took an early adventurous lead in paving the way to the modern rock/punk years, publishing such ground-breaking hits of the era such as *Cherry Bomb* (The Runaways) and *King Of The Night Time World* (KISS). 1980s pop hits such as *Tie

A Yellow Ribbon Round The Old Oak Tree (Tony Orlando and Dawn) and *Walk Like An Egyptian* (The Bangles) added to that legacy.

In 1993, Peermusic signed renowned writer and producer David Foster, who co-wrote hits such as *You're The Inspiration* (Chicago), *St. Elmo's Fire (Man In Motion)* (John Parr) and *I Have Nothing* (Whitney Houston). The 1990s found the firm at the top of the charts with *It's Oh So Quiet* (Bjork), *Mambo No. 5 (A Little Bit Of…)* (Lou Bega), and *Long Neck Bottle* (Garth Brooks); and into the 2000's with *Come On Over Baby* (Christina Aguilera), *Me Against The Music* (Britney Spears & Madonna), and *Mayberry* (Rascal Flatts). At the turn of the century, *You Raise Me Up* (Josh Groban / Westlife) penned by Brendan Graham was a hit on both sides of the Atlantic. This song has become a modern standard, having been recorded hundreds of times in over 30 languages.

In recent decades Peermusic has continued its dominance in Latin music by publishing the catalogs of renowned artists such Juanes (*A Dios Le Pido*), Molotov (*Gimme The Power*), Sin Bandera (*Entra En Mi Vida*), Chayanne (*Me Enamore De Ti*), and Gloria Trevi (*El Favor De La Soledad*).

Peermusic continued its longstanding involvement in blues and R&B with the acquisition of a portion of the soul blues stalwart publisher Malaco Music in 2007. With that came such titles as *Old Time Rock And Roll* (Bob Seger), *Groove Me* (King Floyd), and *Ring My Bell* (Anita Ward).

At the dawn of the 2010's, Peermusic celebrated another string of huge hits that included *Firework* (Katy Perry), *Umbrella* (Rihanna), *Single Ladies (Put A Ring On It)* (Beyoncé), *Banjo* (Rascal Flatts), *Jealous* (Nick Jonas), *Night Train* (Jason Aldean), *Darte Un Beso* (Prince Royce) and *In My Feelings* (Drake). These titles continue the legacy that Peermusic has been building since 1928.

For Peermusic, every recording has two copyrights associated with it. One copyright is for the composition of the track with royalties paid to the composers, authors, and publishers. The other copyright is for the sound recording, with neighbouring rights royalties paid to the artist(s) and recording rights owner that recorded the track.

As one of the world's top music copyright companies, Peermusic operates in 30 regions around the world, with more than 500,000 copyrights, the programme includes works by Jimmie Rodgers, Buddy Holly, The Rolling Stones, Rihanna, Beyoncé, Justin Bieber, Jacky Cheung, Anita Mui, Sandy Lam and Eason Chan, the world's top music creators, producers and composers, including Pop Bell, David Fuster, Salaam Remi, The Prodigy's Maxim and Rafael, as well as many famous film and television music composers. In addition, Peermusic's global partners include original publishers such as Concord, Big Deal and Anthem.

9.4 谈判动因

从 2003 年创建以来，腾讯音乐一直致力于为用户提供优质、多元、全球化的音乐内容。那么，全球顶尖的独立音乐版权公司 Peermusic 就成了腾讯音乐绕不过去的选择。Peermusic 历史悠久，更重要的是，该公司的曲库歌曲超过 50 万首，涵盖乡村、蓝调、爵士乐、流行音乐、拉丁、音乐会、摇滚乐等多种音乐类型。如果此次能够达成与 Peermusic 的合作，腾讯音乐将通过自身的优势，如在用户洞察、大数据、产品运营等方面的优势，深度激发 Peermusic 音乐 IP 的潜在价值，真正做到为用户提供优质、多元、全球化的音乐内容。

对于 Peermusic 来说，中国的音乐市场发展迅速，不容忽视，中国市场也将是 Peermusic 未来投资和发展计划的重要组成部分。要想进入庞大的中国音乐市场，合作伙伴的选择尤为重要。Peermusic 了解到在中国音乐市场腾讯音乐为一超、网易云音乐为一强的格局，腾讯音乐拥有中国最庞大、最丰富的用户群体，因此，Peermusic 也愿意把自己的顶级词曲曲库及词曲创作艺术家通过腾讯音乐推广给中国的数亿音乐听众。

9.5 谈判目标

谈判的时间设定是 2020 年，无论是代表腾讯音乐的谈判团队，还是代表 Peermusic 的谈判团队都应从当时的环境出发，根据当时的现实设置合理的版权谈判目标。

双方努力争取达成深度独家战略合作，树立跨国音乐公司合作典范。

9.6　案例讨论

（1）腾讯音乐和 Peermusic 为什么要合作？双方的合作是最优合作吗？
（2）腾讯音乐的谈判负责人如何组队？
（3）Peermusic 的谈判负责人如何组队？
（4）腾讯音乐的谈判团队的谈判目标是什么？
（5）Peermisic 的谈判团队的谈判目标是什么？

9.7　参考文献

[1] 腾讯音乐娱乐集团. 腾讯音乐公司简介 [EB/OL].[2023-05-20].https://www.tencentmusic.com/zh-cn/about-us.html.

[2] Peermusic. Peermusic Neighbouring Rights: The Global Independent[EB/OL].[2023-05-20]. https://nr. peermusic.com/ .

[3] 曾燕 .2023 版权音乐行业发展趋势及市场现状分析 [EB/OL].[2023-05-30].https://www.chinairn.com/hyzx/20230427/163441814.shtml.

第 10 章　中荷公司关于电视节目版权的谈判

10.1　谈判背景

世界上涌现出了很多优秀的真人秀节目,比如,*The Amazing Race*,*American Idol*,*The Voice of...* 等,这些优秀的节目除了全新的创意,也增强和观众的互动,几乎是全民娱乐,因此,有的节目变成了电视台的收视利器,备受观众的喜爱。

中国电视的综艺节目,一方面注重原创性,提高内在的质量;另一方面,直接从国外购买优质的电视综艺节目版权也成为很多公司的选择。这些都极大地丰富了中国电视综艺节目内容,给观众呈现了不一样的视觉冲击,带来了全新的感受。

中国电视综艺节目的引进具体形式为国内的电视节目制作方向国外电视节目的版权方购买国外电视节目模式的版权,由国内制作机构制作成适宜国内观众欣赏的本土化的电视综艺节目,再由节目播出机构通过国内电视台向国内观众播放,通过高收视率来争取广告、合作商、冠名方等商业利润。通常情况下,按照国际节目模式交易的惯例,购买欧美包括《美国偶像》、美国《达人秀》等顶级一流模式,版权费是节目总制作成本的 7% 左右。

国外的大型节目模式公司在中国市场销售节目模式的主要类型有三类,第一类是直接找中国本土的代理公司,第二类是直接在新加坡或中国内地、中国香港设办事处,第三类是直接来中国开公司。

普通的模式版权费在国外,模式公司通常收取 7%～10% 版权费,同时直接参与该模式衍生产品的五五分成,但在中国市场,模式公司考虑到一个成熟的模式成本很低,能在中国这么大的市场放大价值,加上大多数项目没有形成完整的产业链,即使有的公司有衍生品,也因为版权观念的差异,不可能与模式公司参与分成,因此,模式公司最常见的做法是只收取 5% 左右的模式费。这种普通的模式版权费有着利润的天花板,从 2016 年开始,联合研发和原创开始流行,模式公司不再满足于只拿模式版权费,转向参与制作及全产业链开发。

10.2　买方信息：北京世熙传媒文化有限公司

北京世熙传媒文化有限公司（以下简称"世熙传媒"）成立于2004年，公司注册在北京市。世熙传媒是中国领先的电视、视频内容制作与提供商，专注于节目模式的原创、引进、销售及内容制作。该公司是中国引进节目模式最早、本土化创新能力最强的传媒企业。同时，世熙传媒也是中国最早成立模式研发中心和海外版权销售中心的传媒企业之一，致力于中国原创节目模式的研发和全球输出。

世熙传媒拥有一流的创意及制作团队，专注于打造优秀人才的汇聚平台、优质内容的出品平台、内容的深度营销平台。世熙传媒为各大主流媒体平台制作了《信·中国》《音乐大师课》《咱们穿越吧》《萌宠小大人》《中国爸爸》《星厨驾到》《喜剧班的春天》《一声所爱·大地飞歌》等多档优质节目。

世熙传媒与全球著名节目模式公司建立了紧密的合作关系。该公司自2006年成功引进BBC的《舞动奇迹》模式以来，多次引进国外的节目模式。2010年，世熙传媒与BBC环球公司达成在中国内地独家运营其全球节目模式的协议，成为BBC环球公司在全球的第一个制作中心。世熙传媒的合作伙伴已覆盖我国各大主要卫星电视，并与世界多家著名节目模式公司建立了紧密、有效、相互信任的合作关系，成为中国引进节目模式最早、数量最多的传媒企业。2009年世熙传媒联合湖南卫视共同完成全民卡拉OK节目《挑战麦克风》的模式化，成功将《挑战麦克风》的节目模式销往泰国。

世熙传媒一直主攻的是节目制作，而不仅仅是卖模式版权。2010年世熙传媒和湖南卫视合作时，已经掌握了制作权。在传统媒体时代，世熙传媒的主要客户是电视台，主要的工作是节目制作。随着时代的改变，每个平台的受众也不一样，世熙传媒的节目制作改为视频内容制作，可以在电视台、视频网站、手机移动端等多平台播出。世熙传媒有两个新媒体中心子公司，分别是北京市世熙信息科技有限公司（简称"北京世熙"）和广东世熙信息技术有限公司（简称"广东世熙"）。广东世熙的主要业务是开发与电视节目相关的手机游戏以及手机端各种相关App产品，从手游切入，打通电视大屏幕和手机小屏幕的主体。北京世熙信专做电商，就是娱乐产品的品牌授权和商品的销售。

电视台跟外部的合作模式大概有三种：第一种是电视台获得节目模式授权，然后委托给视频内容制作公司；第二种是视频内容制作公司投资，跟电视台分享广告各方面的收入；第三种是视频内容制作公司自己投资制作，做完之后再发行。世熙传媒现在有80%的业务都是第一种，10%～20%是第二种，10%左右的是第三种。世熙传媒的营收体系主要还是以制作收入为主，模式收入为辅。世熙传媒的制作收入能占到50%以上，广告收入能占到20%～30%，其他的收入占20%。

除了传统的制作收入、版权收入，世熙传媒对设计新媒体的盈利模式做了挖掘。世熙传媒对广告团队进行了扩张，通过广告收入提升公司营业收入。另外，世熙传媒也做衍生产品。

10.3 卖方信息：Talpa 公司

Talpa Global B.V.（以下简称"Talpa 全球"）是 Talpa Media B.V.（以下简称"Talpa 传媒"）的子公司，Talpa 全球和 Talpa 传媒合称为 Talpa 公司，其注册办事处位于荷兰拉伦，其营业地址位于北荷兰的广播和媒体城市希尔弗瑟姆（Hilversum）。Talpa 传媒隶属于 ITV Studios，后者为英国知名无线电视运营商、伦敦证券交易所上市公司独立电视台（ITV PLC）旗下电视节目制作企业。

Talpa 公司的主业是开发、制作并在世界范围内发行电视节目模式，Talpa 公司在近几年开发了超过70部电视节目，并在180多个国家获得播出，是一家享誉全球的综艺节目模式开发公司。该公司拥有成熟的电视综艺节目开发模式、全球化电视综艺节目运营经验和众多优质电视综艺节目资源。Talpa 公司旗下电视节目 *The Voice of...* 自2010年于荷兰首播，至今已成为一档全球知名电视娱乐节目，《荷兰之声》*The Voice of Holland* 在2010年播出时，吸纳荷兰总人口18.2%的观众。目前该节目已有将近65个本土化版本，包括美国、德国、法国、中国和英国，并在180个国家播出；同时，好声音儿童版也有将近30个地区的版本。节目已吸引了超过5亿观众，遍布全球每个大洲。

10.4 谈判动因

Talpa 公司非常看好中国市场，在2011年的时候，Talpa 的《完美暗恋》（*Dating in the Dark*）被引入中国市场。在2012年4月 Talpa 将第1季《中国好声音》节目版权授权给了 IPCN，并由其转授权给灿星文化进行制作。2012年7月，该节目在浙江电视台暑期档播出，这个经过海选、全民参与的节目在全国范围取得了空前的成功，《中国好声音》的首季平均收视率为 4.002%，总决赛巅峰时刻的收视率甚至直接飙到 6.101%，打破了收视纪录，目前该节目因种种原因已经停播。2015 年 Talpa 的两个节目《我爱我的祖国》（*I Love My Country*）和《男左女右》（*The Battle of Sexes*）被引入中国市场，2016 年《我们 15 个》（*The 15 of Us*）也被引入中国市场。

2017 年，Talpa 公司推出了两款节目：*The Story of My Life* 和 *Around the World with 80 Year Olds*。*The Story of My Life* 是一档谈话节目，每期都会邀请一对名人情侣，通过特殊数字化科技为他们"化妆"，分别模拟出他们 25 年和 50 年后的容貌。此外，主持人还会对嘉宾进行深度提问，让他们彼此打开心扉，用最真实的反应面对不同年龄的自己和对方。

"年龄仅仅是个数字"是 *The Story of My Life* 宣传语，节目组认为借助容貌展现的岁月变化能直击心灵，让嘉宾们展示自己的内心世界。凭借新颖走心的形式，*The Story of My Life* 在荷兰商业电台播出后，市场份额增长了 76.2%。

Talpa 在 2016 年的法国（戛纳）国际秋季电视节上首次公开了这一节目模式。*The Story of My Life* 已经有非常成功的经验，在中国之前，已经有包括俄罗斯、德国在内的 9 个国家拿到了 *The Story of My Life* 的版权，并制作了本土化的版本。德国电视台 VOX 的编辑认为 *The Story of My Life* 结合了非常重要的两个元素：真实性和感染力。

Around the World with 80 Year Olds 是一档高龄旅游节目，8 个从来没有离开过家乡的八旬老人踏上环球之旅，体会异国文化。Talpa 控股旗下的荷兰商业电视台 Dutch network SBS 6 对该节目进行了首播。目前，该节目还没有在荷兰之外的国家播放。*Around the World with 80 Year Olds* 虽然是一款由素人出演的节目，但是它的数据表现也非常出色，在 SBS6 播出后，其市场份额增加了 63.1%。

Talpa 一直为这两个节目寻找合适的中国伙伴，他们认为成立于 2004 年的世熙传媒在海外综艺引入业务上经验丰富，非常适合他们对合作伙伴的定位。Talpa 公司在全球许可授权中，向来关注保护其节目版式及相关知识产权。世熙传媒认为必须懂国际规则，尊重版权，尊重模式，不仅仅是尊重一个创意的知识产权，更是尊重行业人自身，等于尊重了创意。不难看出，双方公司在这一点上理念非常相似。在这一背景下，双方开始就未来的两个节目 *The Story of My Life* 和 *Around the World with 80 Year Olds* 授权进行谈判。

10.5 谈判目标

谈判的时间设定是 2017 年，无论是代表世熙传媒的谈判团队还是代表 Talpa 公司的谈判团队，都应从双方当时所处的环境出发，合理地模拟双方公司关于两档节目的版权谈判并制定符合公司利益的目标。

10.6 案例讨论

问题 1：世熙传媒的谈判议程有哪些？
问题 2：Talpa 公司的谈判议程有哪些？

10.7 国际商标合同范本参考

国际商标许可合同

甲方（许可方）：
法定代表人：
乙方（被许可方）：
法定代表人：

鉴于：
（1）许可方拥有具有一定价值并经注册的商标和服务标志，且拥有并可出售其他如附文第一节所述的许可方财产，其中包括"商标"。这一商标在广播或电视中经常使用，并出现在各种促销和广告业务中，得到公众的广泛认可，在公众印象中与许可方有密切关系；
（2）被许可方意于在制造、出售、分销产品时使用这一商标；
因此考虑到双方的保证，达成如下协议：

第一条　授权许可

1. 产品。

根据以下规定的条款，许可方授与被许可方，被许可方接受单独使用这一商标的许可权，且只在制造和出售、分销以下产品的使用。（加入产品描述）

2. 地域。

许可协议只在_____地区有效。被许可方同意不在其他地区直接或间接使用或授权使用这一商标，且不在知情的情况下向有意或有可能在其他地区出售协议下产品的第三者销售该产品。

3. 期限。

许可协议自_____年_____月_____日生效，如未提前终止，至_____年_____月_____日期满。若满足协议条件，本协议期限每年自动续展，直至最后一次续展终止于_____年_____月_____日。始于_____年_____月_____日，本许可协议在每一期末自动续展一年，到下一年的_____月_____日止，除非一方在协议到期前_____天以前书面通知另一方终止协议的执行。

第二条　付款方式

1. 比例。

被许可方同意向许可方支付其或其附属公司、子公司等出售协议产品的净销售额的_____% 作为使用费。"净销售额"指总销售额减去数量折扣和利润，但不包括现金折扣和不可收账目折扣。在制造、出售或利用产品时的费用均不可从被许可方应支付的使用费中折扣。被许可方同意如向其他许可方支付更高的使用费或更高比例的许可使用费，将自动马上适用于本协议。

2. 最低限度使用费。

被许可方同意向许可方支付最低限度使用费_____美元，作为对合同第一期应支付使用费的最低保证，上述最低限度使用费将在第一期的最后一次或此前支付。在协议签字时支付的预付款将不包括在内。此最低限度使用费在任何情况下都不会再归还给被许可方。

3. 定期报告。

第一批协议产品装运后，被许可方应立即向许可方提供完整、精确的报告，说明被许可方在前一期售出的产品数量、概况、总销售额、详细列明的总销售额折扣、净销售额及前一期中的利润。被许可方将使用后附的，由许可方提供给其的报告样本。无论被许可方在前一期中是否销售了产品，均应向许可方提供报告。

4. 使用费支付。

除上述最低使用费以外的使用费需在销售期后_____日交付，同时提交的还有上述要求的报告。许可方接受被许可方按协议要求提供的报告和使用费（或兑现支付使用的支票）后，如发现报告或支付中有不一致或错误，可以在任何时间提出疑问，被许可方需及时改正、支付。支付应用美元。在许可地内的应缴国内税由被许可方支付。

第三条 专用权

1. 除非许可证认可在协议有效期内不在协议有效区域内再授予别人销售第一节所述产品时使用这一商标，本协议不限制许可方授与其他人使用这一商标的权力。

2. 协议规定如果许可方向被许可方提出购买第一节所述产品，用于奖励、赠给或其他促销安排，被许可方有_____天时间决定是否同意。如果被许可方在_____天内未接受这一要求，许可方有权通过其他生产者进行奖励、赠给或其他促销安排。在这种情况下，当其他生产者的价格比许可方向被许可方支付的高时，被许可方有_____天时间去满足生产者生产此种产品的要求。被许可方保证在未得到许可方书面同意前，不把协议产品与其他产品或服务一起作为奖励，不与其他作为奖励的产品或服务一起出售协议产品。

第四条 信誉

被许可方承认与该商标相关联的信誉的价值，确认这一商标、相关权力及与该商标相关联的信誉只属于许可方，这一商标在公众印象中有从属的含义。

第五条 许可方的所有权及许可方权利的保护

1. 被许可方同意在协议有效期内及其后，不质疑许可方就该商标享有的所有权和其他权利，不质疑本协议的有效性。如果许可方能及时收到索赔和诉讼的通知，许可方保护被许可方，使其不受仅由本协议所授权的商标使用引起的索赔和诉讼的损害，许可方可选择就这样的诉讼进行辩护。在未得到许可方的同意之前，不应就这样的索赔和诉讼达成解决办法。

2. 被许可方同意向许可方提供必要的帮助来保护许可方就该商标拥有的权利。

许可方根据自己的意愿，可以自己的名义、被许可方的名义或双方的名义针对索赔和诉讼应诉。被许可方在可知范围内将书面告知许可方就协议产品的商标的侵权和仿制行为；只有许可方有权决定是否对这样的侵权和仿制行为采取行动。若事先未得到许可方的书面同意，被许可方不应就侵权和仿制行为提出诉讼或采取任何行动。

第六条　被许可方提供的保证及产品责任保险

被许可方负责为自己和／或许可方就其非经授权使用协议产品商标、专利、工艺、设施思想、方法引起的索赔、诉讼或损失，就其他行为或产品瑕疵导致的索赔、诉讼或损失进行辩护，并使许可方免受损失。被许可方将自己负担费用，向一家在_____地区有经营资格的保险公司承保产品责任险，为许可方（同时也为被许可方）因产品瑕疵导致的索赔、诉讼或损失提供合理的保护。被许可方将向许可方提交以许可方为被保险人的已付款保险单，在此基础上，许可方才能同意产品出售。如果对保险单有所改动，需事先得到许可方的同意。许可方有权要求被许可方向其提供新的保险单。许可方一词包括其官员、董事、代理人、雇员、下属和附属机构，名字被许可使用的人，包装制造人，名字被许可使用的广播、电视节目制作人，节目转播台，节目主办者和其广告代理，以及这些人的官员、董事、代理人和雇员。

第七条　商品质量

被许可方同意协议产品将符合高标准，其式样、外观和质量将能发挥其最好效益，将保护并加强商标名誉及其代表的信誉。同时协议产品的生产、出售、分销将遵守适用的联邦、州、地方法律，并不得影响许可方、其计划及商标本身的名声。为了达到这一目标，被许可方应在出售协议产品之前，免费寄给许可方一定量的产品样品，其包装纸箱、集装箱和包装材料，以取得许可方的书面同意。协议产品及其纸箱、集装箱和包装材料的质量和式样需得到许可方的同意。向许可方提交的每份产品在得到其书面同意前不能视作通过。样品按本节所述得到同意后，被许可方在未得到许可方的书面同意前不能做实质变动。而许可方除非提前_____天书面通知被许可方，不能撤销其对样品的同意。对被许可方开始出售协议产品后，应许可方的要求，将免费向许可方提供不超过_____件的随机抽样样品及相关的纸箱、包装箱和包装材料。

第八条　标签

1. 被许可方同意在出售许可合同项下产品或在产品广告、促销和展示材料中将根据第一节附文中商标权第五、第六条的规定标明"注册商标_____公司_____年",或其他许可方要求的标志。如果产品或其广告、促销、展示材料含有商标或服务标志,应标明注册的法律通知及申请。如果产品在市场出售时其包装纸箱、集装箱或包装材料上带有商标,在上述物品上也应标明相应标志。被许可方在使用小牌、标签、标记或其他标志时,在广告、促销和展示材料中标明商标,需事先得到许可方的同意。许可方的同意不构成此协议下许可方权力和被许可方责任的放弃。

2. 被许可方同意与许可方真诚合作,确保和维护许可方(或许可方的授与人)对商标拥有的权力。如果商标、产品、相关材料事先未注册,被许可方应许可方的要求,由许可方承担费用,以许可方的名义对版权、商标、服务标志进行恰当注册,或应许可方的要求,以被许可方自己的名义注册。但是,双方确认本协议不能视作向被许可方转让了任何与商标有关的权利、所有权和利益。双方确认除根据本许可协议,被许可方享有严格按协议使用商标的权利外,其他相关权利都由许可方保留。被许可方同意协议终止或期满时,将其已获得的或在执行协议项下行为而获得的有关商标的一切权利、权益、信誉、所有权等交回给许可方。被许可方将采取一切许可要求的方式来完成上述行为。此种交回的权利范围只能基于本协议或双方的契约而产生。

3. 被许可方同意其对商标的使用不损害许可方的利益,而且不因为其使用该商标而取得关于商标的任何权利。

第九条　促销资料

1. 在任何情况下,被许可方如果期望得到本协议产品的宣传材料,那么生产该宣传材料的成本和时间由被许可方承担。所有涉及本协议商标或其复制品的宣传材料的产权应归被许可方所有,尽管该宣传材料可能由被许可方发明或使用,而许可方应有权使用或将其许可给其他方。

2. 许可方有权,但没有义务使用本协议商标或被许可方的商标,以使本协议商标、许可方或被许可方或其项目能够完满或卓越。许可方没有义务继续在电台或电视台节目中宣传本协议商标或其数字、符合或设计等。

3. 被许可方同意,在没有得到许可方的事先书面批准的情况下,不在电台或电视台使用本协议商标的产品的宣传或广告。许可方可以自由决定同意批准或不批准。

第十条　分销

1. 被许可方同意将克尽勤勉，并且持续制造、分销或销售本协议产品，而且还将为此做出必要和适当的安排。

2. 被许可方在没有得到许可方的书面同意前，不得将本协议产品销售给那些以获取佣金为目的的、有可能将本协议产品当作促销赠品的，以促进其搭售活动目的的及销售方式有问题的批发商、零售商、零售店及贸易商等。

第十一条　会计记录

被许可方同意建立和保留所有有关本协议项下交易活动的会计账本和记录。许可方或其全权代表有权在任何合理的时间内查询该会计账本或记录及其他所有与交易有关的、在被许可方控制之下的文件和资料。许可方或其全权代表为上述目的可摘录其中的内容。应许可方的要求，被许可方应自行承担费用，将其至许可方提出要求之日止的所有销售活动情况，包括数量、规格、毛价格和净价格等以独立的、公开账本方式，向被许可方提供一份详细的会计报告申明。所有的会计账本和记录应保留至本协议终止_____年之后。

第十二条　破产、违约等

1. 如果被许可方在达成协议后_____个月内未开始生产和销售一定量的第一节所述的产品，或者_____个月后的某个月未销售产品（或类产品），许可方在采取其他补偿措施以外，可书面通知被许可方因其该月未生产销售协议产品（或类产品）而终止合同。通知自许可方寄出之日起生效。

2. 如果被许可方提出破产陈诉，或被判破产，或对被许可方提起破产诉状，或被许可方无偿还能力，或被许可方为其债权人的利益而转让，或依照破产法做出安排，或被许可方停止经营，或有人接收其经营，则此许可合同自动终止。除非得到许可方书面表示的同意意见，被许可方、其接收者、代表、受托人、代理人、管理人、继承人或被转让人无权出售、利用或以任何方式经营协议产品，或相关的纸箱、集装箱、包装材料、广告、促销和陈列材料。这是必须遵守的。

3. 如果被许可方违反本协议条款下的义务，许可方在提前_____天书面通知后有权终止合同，除非被许可方在_____天内对其违约行为做出全部补偿，令许可方满意。

4. 根据第十二条所述条款，终止许可合同将不影响许可方对被许可方拥有的其他权利。当协议终止时，基于销售额的使用费即刻到期需马上支付，不能缺交最低限度使用费，且最低限度使用费将不返还。

第十三条　竞争产品

如果协议第一节所述的产品与目前、今后生产的使用该商标的产品，或其下属、附属机构生产的使用该商标的产品相矛盾，许可方有权终止协议。许可方书面通知被许可方后＿＿＿＿＿＿＿天此通知生效。根据第十五条的条款，被许可方在协议终止后有＿＿＿＿＿＿＿天时间来处理手中的协议产品和在接到终止协议通知前正在生产的产品。然而，如果在＿＿＿＿＿＿＿天期间，对协议产品的终止有效，被许可方应缴纳的实际使用费少于当年的预付保证金，许可方将把签约当年已付的预付保证金与实际使用费之间的差额退还给被许可方。上句所述的退还条款仅适用于第十三条规定的协议终止情况，而不影响除表述相矛盾的条款外其他所有条款的适用性。

第十四条　最后报告

在协议期满后＿＿＿＿＿＿＿天内，或收到终止通知的＿＿＿＿＿＿＿天以内，或是在无须通知的协议终止情况下＿＿＿＿＿＿＿天以内，被许可方应向许可方出具一份报告以说明手中的和正在加工中的协议产品的数量和种类。许可方有权进行实地盘存以确认存货情况和报告的准确。若被许可方拒绝许可方的核查，将失去处理存货的权利。许可方保留其拥有的其他法律权利。

第十五条　存货处理

协议根据第十二条的条款终止后，在被许可方已支付预付款和使用费，并已按第二条要求提供报告的情况下，如协议中无另外规定，被许可方可以在收到终止协议通知后＿＿＿＿＿＿＿天内处理其手中的和正在加工中的协议产品。合同到期后，或因被许可方未在产品，或其包装纸箱、集装箱、包装材料和广告、促销、展示材料上加贴版权、商标和服务标志注册标签后，或因被许可方生产的产品的质量、式样不符合第七条所述许可方的要求，而导致协议终止，被许可方不得再生产、出售、处理任何协议产品。

第十六条　协议终止或期满的效果

协议终止或期满后，授与被许可方的一切权利即刻返还许可方。许可方可自由地向他人转让在生产、出售、分销协议产品过程中使用该商标的权利。被许可方不得再使用该商标，或直接、间接地涉及该商标。除第十五条所述的情况下，被许可方不得在制造、出售、分销其自己的产品时使用类似的商标。

第十七条　对许可方的补偿

1. 被许可方认识到（除另有规定外），如果其在协议生效后_____个月内未开始生产、分销一定量的协议产品，或在协议期内未能持续地生产、分销、出售协议产品，将立即导致许可方的损失。

2. 被许可方认识到（除另有规定外），如果在协议终止或期满后，未能停止生产、出售、分销协议产品，将导致许可方不可弥补的损失，并损害后继被许可方的权利。被许可方认识到，对此没有恰当的法律补偿。被许可方同意在此情况下，许可方有权获得衡平法上的救济，对被许可方实施暂时或永久禁令，或实施其他法庭认为公正、恰当的裁决。

3. 实施这些补偿措施，不影响许可方在协议中规定享有的其他权利和补偿。

第十八条　无法执行协议的原因

若由于政府法规的变化，或因国家紧急状态、战争状态和其他无法控制的原因，一方无法执行协议，书面通知对方原因和希望解除协议的意愿，则被许可方将被免除协议下的义务，本协议将终止，而基于销售额的使用费将立即到期应付，最低限度使用费将不会返还。

第十九条　通知

除非有更改地址的书面通知，所有的通知、报告、声明及款项均应寄至协议记载的双方正式地址。邮寄日视作通知、报告等发出之日。

第二十条　不允许合资企业

根据本协议，双方不应组成合伙人关系或合资企业。被许可方无权要求或限制许可方的行为。

第二十一条　被许可方不得再行转让、许可

本协议和协议下被许可方的权利、义务，未经许可方书面同意，不得转让、抵押、再许可，不因法律的实施或被许可方的原因而受到阻碍。

许可方可以进行转让，但须向被许可方提供书面通知。

第二十二条　无免责

除非有双方签字的书面契约，本协议的任何条款不得被放弃或修改。本协议以外的陈述、允诺、保证、契约或许诺都不能代表双方全部的共识。任一方不行使或延误行使其协议下的权利，将不被视作对协议权利的放弃或修改。任一方可在适用法律允许的时间内采取恰当的法律程序强制行使权利。除了如第六条和第十二条的规定，被许可方和许可方以外的任何人、公司、集体（无论是否涉及该商标），都不因本协议而获得任何权利。

第二十三条　争议解决

因本合同引起的或与本合同有关的任何争议，由合同各方协商解决，也可由有关部门调解。协商或调解不成的，应向_____所在地有管辖权的人民法院起诉。

第二十四条　其他

1. 本合同一式_____份，合同各方各执_____份。各份合同文本具有同等法律效力。

2. 本合同经各方签署后生效。

签署时间：_____年_____月_____日

甲方（盖章）：

联系人：

联系方式：

地址：

乙方（盖章）：

联系人：

联系方式：

地址：

10.8　参考文献

[1] 林钰. 国际技术贸易案例集 [M]. 北京：北京大学出版社，2018.

[2] 周原. 独家对话荷兰 Talpa: 我们对中国知识产权保护有信心 [EB/OL].[2023-05-22].https://www.163.com/dy/article/CPKNS5VH0511BK66.html.

[3] 世熙传媒. 北京世熙传媒文化有限公司官网 [EB/OL].[2023-09-04].https://www.canxing-media.com/.

第 6 部分
纠纷谈判案例

第11章　中科公司关于可可豆纠纷的谈判

11.1　谈判背景

随着经济的发展，各个国家的贸易交往越来越频繁。然而在众多贸易中，因为交易方的违约，会产生各种国际贸易纠纷。通常来讲，除了卖方、买方有违约的可能性以外，保险公司和承运人也有可能违约。

违约后，双方首先应当通过友好协商的方式解决纠纷，这种方式对于维持双方日后友好的合作关系非常重要，也是比较节省资金的一种方式。如果友好协商不成，那么纠纷的双方可以选择仲裁机构或者法院进行解决。仲裁和法院只能选择其一，仲裁的裁决是终局性的，对双方都有约束力。

无论是友好协商，还是仲裁或者在法院诉讼，纠纷的双方都需要对基础合同、贸易单据和各国的法律有专业的掌握，因此，一份严谨的合同、贸易单据和对相关法律的掌握为日后解决纠纷奠定了基础。

11.2　买家信息：欧文食品有限公司

欧文食品有限公司成立于1999年，公司占地将近30000平方米。欧文食品有限公司引进欧洲全套先进巧克力制造设备，采用世界最新技术，是中国高档巧克力制造企业之一。欧文食品有限公司的主要产品是哈哈巧克力，其产品在中国市场有着很高的知名度，市场占有率位居全国第二。欧文食品有限公司持续加大产品研发，不断引入新品牌和新口味产品，为巧克力爱好者带来了美好和快乐。

11.3　卖家信息：COCOA HOLDING公司

科特迪瓦COCOA HOLDING公司成立于2006年7月10日。该公司是一家综合的全球农产品销售公司，在青咖啡豆、发酵和干燥可可豆以及腰果的加工和销售市场上处于龙头地位。该公司是一家由农民发起的销售青咖啡豆、发酵和干燥可可豆以及腰果的联合公司，因此，该公司在致力于提供优质的青咖啡豆、发酵和干燥可可豆以及腰果等农产品的同时，也致力于创造公平的贸易环境以保护当地农民的利益，以此实现青咖啡豆、发酵和干燥可可豆以及腰果等农产品的可持续发展。

目前，该公司的干燥可可豆最低产量可以达到 6.5 万吨，青咖啡豆可达到 2.5 万吨，腰果可达到 2.9 万吨。作为一个青咖啡豆、发酵和干燥可可豆以及腰果销售的龙头企业，该公司在全球范围内经营业务，向科特迪瓦国内和国际客户提供优质的产品和服务。

11.4 纠纷起因

欧文食品有限公司的巧克力食品年销售额高达 30 亿美元，因此，欧文食品有限公司也是可可豆需求量比较大的买家，公开数据称其每年购买约 10 万吨可可豆。欧文食品有限公司的可可豆采购地主要是科特迪瓦和加纳，并与这些国家的主要可可豆供应商确定了稳定的合作关系，科特迪瓦的 COCOA HOLDING 公司就是其稳定的合作伙伴之一。2022 年 10 月，欧文食品有限公司根据其年度生产计划，与科特迪瓦 COCOA HOLDING 公司进行了关于可可豆的商务谈判，订立了购销合同，要求 COCOA HOLDING 公司供应生产巧克力的主要原料——发酵和干燥的可可豆。欧文食品有限公司和 COCOA HOLDING 公司的整个合同货值 1275 万美元，合同约定以 CIF 条件成交，目的港为中国厦门港，收货人为欧文食品有限公司，并采用不可撤销即期信用证支付。合同订立后不久，欧文食品有限公司支付了定金，并委托中国建设银行按合同中的信用证条款开出以科特迪瓦 COCOA HOLDING 公司为受益人的不可撤销即期信用证。同年 11 月 25 日，中国建设银行收到科特迪瓦国家储蓄银行（CNCE）转来的全套交易单证。经审核认为 COCOA HOLDING 公司交付的全套单证完全符合信用证的要求，即在规定期限内将货款全数付出。随后将付出的货款从欧文食品有限公司账户上全部扣除。

同年 12 月 20 日，欧文食品有限公司得知该批货物已到达厦门港，通过提单提取 COCOA HOLDING 公司发来的全部货物，结果提货后发现货物质量和数量都有问题。在质量方面，发现收到的可可豆生虫，而数量方面，也比合同中约定的少了一部分。于是，欧文食品有限公司委托当地的检验检疫机构对该批可可豆的质量和数量进行了检验，并签发了虫害证明和货物短缺证明。为此，欧文食品有限公司依据原合同约定向 COCOA HOLDING 公司提出索赔，要求 COCOA HOLDING 公司承担由此带来的损失。

11.5　谈判目标

双方公司根据整个交易过程的信息以及相关的国际和国内法律合理设置谈判目标。

11.6　双方与纠纷相关的前期和后期文件，比如合同、信用证及其他单据

11.6.1　欧文食品有限公司和 COCOA HOLDING 公司的合同

Sales Contract

Contract No.: GM20××102123
Date: October 21, 20××
Signed at: XIAMEN, CHINA
The seller: COCOA HOLDING CO., LTD.
Address: ROOM 406, UNIT 5, BUILDING ×, AGBOVILLE REGION, Côte d'Ivoire
Tel: 225-45236788×× 　　　　Fax: 225-231567××
E-mail: CH@aviso.ci
The buyer: OUWEN FOOD CO., LTD.
Address: ROOM 305, UNIT 3, BUILDING WANKE, SIMING ROAD, SIMING DISTRICT, XIAMEN CITY, FUJIAN PROVINCE, CHINA.
Tel: 0592-6634××× 　　　　Fax: 0592-2826×××
E-mail: OUWEN@ouwen.com
　　The undersigned seller and buyer have confirmed this contract in accordance with the terms and conditions stipulated below:
1.Commodity and specification: Fermented and dried wholesome cocoa bean, free from flat, shriveled beans and siliceous (sand) particles. Free from any toxic or noxious substances. Fat content(on dry basis) Min. 50%; Moisture Max. 6.5%; Shell Content Max. 13%; Mouldy beans Max. 1%; Salty beans Max. 3%; Insect infected Max. 2%; purple or violet Max. 10%. Broken particles Max. 1%; Flavor: Good. Smoky or burnt off ordour: not existing.
2.Quantity: 5,100 metric tons, with 5% more or less at seller's option
3.Unit Price: US $ 2,500 per metric ton CIF XIAMEN
　　Total Amount: USD 12,750,000.00 (say U.S. Dollar Twelve million seven hundred and fifty thousand only)

Continued

4. Packing: in jute bags of about 62.5 kg net, 272 jute bags transported in one 20ft container.

5. Shipment:

5.1 Shipment date: to be effected before NOV. 20, 20××

5.2 Place of loading and destination: from ABIDJAN to XIAMEN

5.3 Partial shipment and transshipment: with partial shipments allowed and transshipment allowed.

5.4 Shipping notice: the seller shall immediately, upon the completion of the loading the goods, advise the buyer of the Contract No., names of commodity, loaded quantity, invoice values, gross weight, names of vessel and shipment date by TLX/FAX.

6. Insurance:

To be covered by the seller for 110 % of the total invoice value against all risks as per the relevant Ocean Marine Cargo of P.I.C.C. dated January 1st, 1981 from ABIDJAN, Côte d'Ivoire to XIAMEN.

7. Terms of payment:

100% of the invoice value shall be remitted by the buyer to the seller against the draft on L/C basis.

The buyer shall open through a bank acceptable to the seller an Irrevocable Letter of Credit at sight, allowing partial shipment, transshipment in favor of the seller and addressed to the seller 20 days before the shipment and remained valid for payment in Côte d'Ivoire until the 15th day from the day of shipment.

The covering Letter of Credit shall stipulate the seller's option of shipping the indicated percentage more or less than the quantity hereby contracted and be negotiated for the amount covering the value of quantity actually shipped (The buyer is requested to establish the L/C in amount with the indicated percentage over the total value of the order as per this Sales Contract).

The contents of the covering Letter of Credit shall be in strict conformity with the stipulations of the Sales Contract. In case of any variation there of necessitating amendment of the L/C, the buyer shall bear the expenses for effecting the amendment. The seller shall not be held responsible for possible delay of shipment resulting from awaiting the amendment of the L/C and reserve the right to claim from the buyer for the losses resulting therefrom.

8. Documents required:

The seller shall present the following documents required for negotiation/collection to the banks.

8.1 Full set of clean on board Ocean Bills of Lading.

8.2 Signed commercial invoice in 3 copies.

8.3 Packing list/weight memo in 3 copies.

8.4 Certificate of quantity and quality in 3 copies issued by a relevant authority.

8.5 Insurance policy in 3 copies.

8.6 Certificate of Origin in 3 copies issued by a relevant authority.

9. Inspection:

9.1 The seller shall have the qualities, quantities of the goods inspected by the BIVAC, which shall issue Inspection Certificate before shipment.

9.2 The buyer has the right to have the goods inspected by the local commodity inspection authority after the arrival of the goods at the port of destination.

9.3 If the goods are found damaged/short/their specifications and quantities not in compliance with the specified in the contract, the buyer shall lodge claims against the seller based on Inspection Certificate issued by the relevant Inspection Authority within 45 days after the goods' arrival at the destination.

10. Discrepancy and claim clause:

In case of quality discrepancy on the quality of the goods is found by the buyer after the arrival of the goods at the port of destination, claim should be lodged by the buyer within 60 days after the arrival of the goods at the port of destination, while for quantity discrepancy, claim should be lodged by the buyer within 60 days after the arrival of the goods at the port of destination, being supported by Inspection Certificate issued by a reputable public survey or agreed upon by both parties. The seller shall, within 30 days after receipt of the notification of the claim, send their reply to the buyers. For the losses due to natural cause or causes falling within the responsibility of the ship-owners or the underwriters, the seller shall not consider any claim for compensation. In case the L/C does not reach the seller within the time stipulated in the contract, or under FOB price terms the buyer do not sent vessel to appointed ports or the L/C opened by the buyers does not correspond to the contract terms and the buyers fail to amend thereafter its terms, the seller shall have the right to cancel the contract or to delay the delivery of the goods and shall have also the right to lodge claims for compensation of losses.

The covering Letter of Credit shall stipulate the sellers's option of shipping the indicated percentage more or less than the quantity hereby contracted and be negotiated for the amount covering the value of quantity actually shipped (The buyers are requested to establish the L/C in amount with the indicated percentage over the total value of the order as per this Sales Contract).

The contents of the covering Letter of Credit shall be in strict conformity with the stipulations of the Sales Contract. In case of any variation there of necessitating amendment of the L/C, the buyers shall bear the expenses for effecting the amendment. The sellers shall not be held responsible for possible delay of shipment resulting from awaiting the amendment of the L/C and reserve the right to claim from the buyers for the losses resulting therefrom.

11. Force Majeure:

If the shipment of the contracted goods is prevented or delayed in whole or in part by reason of war, earthquake, fire, storm, heavy snow or other causes of Force Majeure, the seller shall not be liable for non-shipment or late shipment of the goods of this contract. However, the seller shall notify the buyer by cable or telex and furnish the letter within 15 days by registered airmail with a certificate issued by the China Council for the Promotion of International Trade or by any competent authorities, attesting such event or events.

12. Disputes Settlement:

Any dispute arising from or in connection with this Sales Contract shall be settled through friendly negotiation. In case no settlement can be reached, the case at issue shall then be submitted for arbitration to the China International Economic and Trade Arbitration Commission in accordance with the Rules of Arbitration in China. The award is final and binding upon both parties.

13. Law application:

(a) It will be governed by the law of the People's Republic of China under the circumstances that the contract is signed or the goods while the disputes arising are in the People's Republic of China or the defendant is Chinese legal person, otherwise it is governed by United Nations Convention on Contract for the International Sale of Goods.

(b) The terms in the contract are based on INCOTERMS 1990 of the International Chamber of Commerce.

14. Versions:

This contract is made out in both Chinese and English of which version is equally effective, conflicts between these two languages arising there from, if any, shall be subject to Chinese version.

This contract is in 6 copies, 3 for the buyer and 3 for the seller, and effective since being signed/sealed by both parties.

Continued

Confirmed by: The buyer: OUWEN FOOD CO., LTD. The seller: COCOA HOLDING CO., LTD.

11.6.2　欧文食品有限公司开出的信用证

```
           OCT. 30, 20××07:55:54        Logical Terminal GDPF
        MT S700      Issue of a Documentary Credit      Page 00001
                                                              Fund JSRVPRI
                                                              Record 777288
MSGACK DWS765I Auth OK, key B0020421064AF648, BKCHCNBJ AIBK
Func JSRVPRI
Basic Header      F 01 BKCHCNBJA400 0649 494074
Application Header O 0700 1715 020424 ATRKLE2DA××× 3189 448014 020425 0015N
                                                              CNCE BANK
                                                              CôTE D'IVOIRE
User Header   Service Code 104
              Bank. Priority 115
              Msg User Ref 106
              Info. From CI 119
TO: CNCE BANK, CôTE D'IVOIRE
Sequence of Total 27:1/1
Form of Doc. Credit 40 A: IRREVOCABLE
Doc. Credit Number 20: ICBC.IM020××502
Date of Issue 31 C: 20××1030
Date and Place of Expiry 31 D: Date 20××1230 Place Côte d'Ivoire
Applicant Bank 51 A: INDUSTRIAL AND COMMERCIAL BANK OF CHINA, CHINA
Applicant 50: OUWEN FOOD CO., LTD, CHINA
Beneficiary 59: COCOA HOLDING CO., LTD, ROOM 406, UNIT 5, BUILDING X, AGBOVILLE REGION, Côte
d'Ivoire
Currency and Amount 32B: Currency USD Amount 12,750,000.00( SAY U.S. Dollar Twelve million seven hundred and
fifty thousand only)
Available with/by 41A: INDUSTRIAL AND COMMERCIAL BANK OF CHINA, CHINA
BY PAYMENT
Drafts at ... 42C: AT SIGHT
Drawee 42A: INDUSTRIAL AND COMMERCIAL BANK OF CHINA, CHINA
Partial Shipments 43P: PERMITTED
Transshipment 43T: PERMITTED
Loading in Charge 44A: ABIDJAN CôTE D'IVOIRE
For Transport to ... 44B: XIAMEN, CHINA
Latest Date of Shipment 44C: 20××1120
```

Continued

Descript. of Goods 45A: + COCOA BEAN, UNIT PRICE: US $2,500 PER METRIC TON CIF XIAMEN. TOTAL AMOUNT: USD 12,750,000 (SAY U.S. Dollar Twelve million seven hundred and fifty thousand only)
AS PER CONTRACT GM20××102123, PACKING: IN JUTE BAGES OF ABOUT 62.5 KG NET, 272 JUTE BAGS TRANSPORTED IN ONE 20FT CONTAINER.

Documents Required 46A:

+SIGNED COMMERCIAL INVOICES IN TRIPLICATE

+FULL SET OF CLEAN ON BORAD ON MARINE BILLS OF LANDING IN TRIPLICATE CONSIGNED TO ORDER, BLANK ENDORSED, MARKED FREIGHT PREPAID AND CLAUSED NOTIFY APPLICANT.

+INSURANCE POLICY/CERTLFICATE BLANK ENDORSED COVERING ALL RISKS FOR 10 PERCENT ABOVE THE CIF VALUE IN TRIPLICATE.

+CERTIFICATE OF ORIGIN IN TRIPLICATE ISSUED BY A RELEVANT AUTHORITY.

+PACKING LIST IN TRIPLICATE

Additional Cond. 47A:

+PLEASE FORWARD ALL DOCUMENTS TO INDUSTRIAL AND COMMERCIAL BANK OF CHINA, HOUSE 25 SIMING ROAD SIMING DISTRICT, CITY XIAMEN, PROVINCE FUJIAN, CHINA

+IF BILLS OF LADING ARE REQUIRED ABOVE, PLEASE FORWARD DOCUMENTS IN TWO MAILS, ORIGINALS SEND BY COURLER AND DUPLICATES BY REGISTERED AIRMAIL.

Details of Charges 71B:

BANK CHARGES EXCLUDING ISSUING BANKS ARE FOR ACCOUNT OF BENEFICIARY.

Presentation Period 48:

DOCUMENTS TO BE PRESENTED WITHIN 15 DAYS FROM SHIPMENT DATE, BUT NOT LATER THAN THE EXPIRY DATE OF CREDIT.

Confirmation 49: WITHOUT

Instructions 78:

DISCREPANT DOCUMENTS, IF ACCEPTABLE, WILL BE SUBJECTIVE TO A DISCREPANCY HANDLING FREE OF EUR 100.00 OR EQUIVALENT WHICH WILL BE FOR ACCOUNT OF BENEFICIARY.

SPECIAL NOTE: ISSUING BANK WILL DISCOUNT ACCEPTANCES ON REQUEST, FOR A/C OF BENEFICIARY (UNLESS OTHERWISE STATED) AT APPROPRIATE LIBOR RATE PLUS 1.00 PERCENT MARGIN.

Send. to Rec. Info. 72: THIS CREDIT IS ISSUED SUBJECT TO THE U.C.P. FOR DOCUMENTARY CREDITS, 1993 REVISION, I.C.C. PUBLICATIONS NO.500

Trailer   MAC: 1D21752E
                                                                                                           CHK:5054962F76BC

11.6.3 科特迪瓦 COCOA HOLDING 公司的商业发票

ISSUER COCOA HOLDING CO., LTD. ROOM 406, UNIT 5, BUILDING ×, AGBOVILLE REGION, CôTE D'IVOIRE	**COMMERCIAL INVOICE**		
TO OUWEN FOOD CO., LTD. ROOM 305, UNIT 3, BUILDING WANKE, SIMING ROAD, SIMING DISTRICT, XIAMEN CITY, FUJIAN PROVINCE, CHINA. Tel: 0592-6634××× Fax: 0592-2826×××	**NO.** 20××SDT039		**DATE** NOV. 12, 20××
TRANSPORT DETAILS SHIPMENT FROM ABIDJAN, CôTE D'IVOIRE TO XIAMEN, CHINA BY SEA	**S/C NO.** GM20××102123		**L/C NO.** CNCE.IM020××502
	TERMS OF PAYMENT ADVANCED PAYMENT AND L/C AT SIGHT		
Marks and Numbers	Number and Kind of Package; Description of Goods	Quantity	Unit Price / USD	Amount

Marks and Numbers	Number and Kind of Package; Description of Goods	Quantity	Unit Price USD	Amount
COCOA BEAN CNT NO. XIAMEN	CIF XIAMEN			
	COCOA BEAN, IN JUTE BAGES OF ABOUT 62.5 KG NET, 272 JUTE BAGS TRANSPORTED IN ONE 20FT CONTAINER	5,100 metric tons	US $ 2,500	USD 12,750,000.00

Total: 5,100 METRIC TONS USD 12,750,000.00
SAY TOTAL: U.S. Dollar Twelve million seven hundred and fifty thousand only
SALES CONDITION: CIF XIAMEN
SALES CONTRACT NO. GM20XX102123
COCOA BEAN

出口商签字和盖单据章

11.6.4　科特迪瓦 COCOA HOLDING 公司的质量和数量检验检疫证书

SOCIETE GENERALE DE SURVEILLANCE S.A.

No.: 19860529521199990910

INSPECTION CERTIFICATE

OF QUALITY, QUANTITY AND WEIGHT

Consignor : <u>COCOA HOLDING CO., LTD.</u>

Consignee: <u>OUWEN FOOD CO., LTD.</u>

Description of Goods: <u>COCOA BEAN, WHOLE 81,600 JUTE BAGS, EACH JUTE BAG ABOUT 62.5 KG NET</u>

Quantity /Weight Declared: <u>81,600 JUTE BAGS/G.W. 5105 metric tons /N.W. 5100 metric tons</u>

Number and Type of Packages: <u>81,600 JUTE BAGS</u>

Means of Conveyance: <u>SHIP/ FAWEN 888</u>

Mark & No.: COCOA BEAN CNT NO. XIAMEN

RESULTS OF INSPECTION:

QUALITY:

ACCORDING TO RELEVANT STANDARD, REPRESENTATIVE SAMPLES WERE DRAWN AT RANDOM FROM THE WHOLE CONSIGNMENT FOR INSPECTION WITH THE RESULTS BELOW.

1. PHYSICAL TEST:

(1) APPEARANCE OF CONTAINER: NO SWELLING, NO DAMAGE, NO RUST, SEEMING GOOD.

(2) SHAPE, COLOUR, ODOUR & TASTE OF THE CONTENTS ARE NORMAL & HOMOGENEOUS.

(3) NO ADULTERATION.

(4) NET WEIGHT OF THE CONTENTS PER JUTE BAG 62.5G.

(5) FREE FROM ANY TOXIC OR NOXIOUS SUBSTANCES. FAT CONTENT(ON DRY BASIS) MIN. 50%; MOISTURE MAX. 6.5%; SHELL CONTENT MAX. 13%;

MOULDY BEANS MAX. 1%; SALTY BEANS MAX. 3%; INSECT INFECTED MAX. 2%; PURPLE OR VIOLET MAX. 10%; BROKEN PARTICLES MAX. 1%; FLAVOR:GOOD. SMOKY OR BURNT OF ODOUR: NOT EXISTING.

2. BACTERIOLOGICAL EXAMINATION:

FREE FROM PATHOGENIC BACTERIA AND WITHOUT ANY ROTTEN SYMPTOMS AFFECTED BY BACTERIA, FIT FOR HUMAN CONSUMPTION.

QUANTITY: 81,600 JUTE BAGS.

WEIGHT: G.W. 5,105 MT. N.W. 5,100 MT.

THE GOODS ARE FIT FOR HUMAN CONSUMPTION AND THAT THE PRODUCTION AND EXPIRY DATES SHOWN ON THE LABEL COMPLY WITH L/C TERMS.

Official stamp: Place of issue CôTE D'IVOIRE Date of issue: NOV. 15,20××

Authorized Officer: SYA Signature: OYFW

(All inspections are carried out conscientiously to the best of our knowledge and ability. This certificate does not in any respect absolve the seller and other related parties from his contractual and legal obligations especially when product quality is concerned.)

11.6.5 科特迪瓦 COCOA HOLDING 公司的原产地证书

1. Exporter COCOA HOLDING CO., LTD. ROOM 406, UNIT 5, BUILDING ×, AGBOVILLE REGION, CôTE D'IVOIRE	Certificate No. CERTIFICATE OF ORIGIN OF CôTE D'IVOIRE
2. Consignee OUWEN FOOD CO., LTD. ROOM 305, UNIT 3, BUILDING WANKE, SIMING ROAD, SIMING DISTRICT, XIAMEN CITY, FUJIAN PROVINCE, CHINA. Tel:0592-6634××× Fax: 0592-2826×××	

Continued

3. Means of transport and route SHIPMENT FROM ABIDJAN, CôTE D'IVOIRE TO XIAMEN, CHINA BY SEA			5. For certifying authority only	
4. Country/region of destination CHINA				
6. Marks and numbers	7. Number and kind of packages; description of goods	8. H.S.Code	9. Quantity	10. Number and date of invoices
COCOA BEAN CNT NO. XIAMEN	COCOA BEAN, IN JUTE BAGES OF ABOUT 62.5 KG NET, 272 JUTE BAGS TRANSPORTED IN ONE 20FT CONTAINER	20××. 1801000000	5,100 metric tons	20××SDT039 NOV. 12, 20××

SAY TOTAL: U.S. Dollar Twelve million seven hundred and fifty thousand only
THE NAME OF THE MANUFACTURERS:
COCOA HOLDING CO., LTD.
ROOM 406, UNIT 5, BUILDING ×, AGBOVILLE REGION, CôTE D'IVOIRE
Tel: 225-45236788××   Fax:225-231567××
WE HEREBY CERTIFY THAT GOODS EXPORTED ARE WHOLLY OF CôTE D'IVOIRE ORIGIN

11. Declaration by the exporter The undersigned hereby declares that the above details are correct, that all the good were produced in CôTE D'IVOIRE and that they comply with the Rules of Origin of CôTE D'IVOIRE YAMOUSSOUKRO, CôTE D'IVOIRE. NOV. 14, 20××	12. Certification It is hereby certified that the declaration by the exporter is correct. YAMOUSSOUKRO, CôTE D'IVOIRE. NOV. 14, 20××
Place and date, signature and stamp of authorized signatory	Place and date, signature and stamp of authorized signatory

11.6.6　科特迪瓦 COCOA HOLDING 公司的保险单

The People's Insurance Company of CôTE D'IVOIRE, Ltd.

Invoice No. 20XXSDT039　　　Policy No. 6121××××12345

MARINE CARGO TRANSPORTATION INSURANCE POLICY

Insured: COCOA HOLDING CO., LTD.

This policy of insurance witnesses that the People's Insurance (Property) Company of CôTE D'IVOIRE, Ltd, (hereinafter called "The Company"), at the request of the insured and in consideration of the agreed premium paid by the insured, undertakes to insure the under mentioned goods in transportation subject to the conditions of the policy as per the clauses printed overleaf and other special clauses attached hereon.

description of goods	Packing　Unit　Quantity		Amount Insured
COCOA BEAN	81,600 JUTE BAGS.　5,100 metric tons		USD 14,025,000
Conditions		Marks of Goods	
Covering all risks as per the relevant Ocean Marine Cargo of P.I.C.C. dated January 1st, 1981		OUWEN XIAMEN 09FW10	
Total Amount Insured		U.S. DOLLAR FOURTEEN MILLION AND TWENTY FIVE THOUSAND ONLY	
Premium	As arranged	Per conveyance S.S.	FAWEN 888	Slg. On or abt.	NOV. 19, 20××
From	ABIDJAN, CôTE D'IVOIRE		To	XIAMEN, CHINA

In the event of loss or damage which may result in a claim under this policy, immediate notice must be given to The Company's agent as mentioned hereunder. Claims, if any, one of the original policies which has been issued in original (s) together with The relevant documents shall be surrendered to The Company. If one of the original policies has been accomplished, the others to be void.
SHANGHAI, CHINA
Oct. 20, 2021

Claim payable at XIAMEN, CHINA			
Date	NOV. 17, 20××	at	ABIDJAN
Address			

11.6.7　科特迪瓦 COCOA HOLDING 公司的装箱单

		Invoice No.	20××SDT039
To	OUWEN FOOD CO., LTD. ROOM 305, UNIT 3, BUILDING WANKE, SIMING ROAD, SIMING DISTRICT, XIAMEN CITY, FUJIAN PROVINCE, CHINA. Tel:0592-6634××× Fax: 0592-2826×××	Invoice Date	NOV. 12, 20××
		S/C No.	GM20××102123
		S/C Date	October 21, 20××

From	ABIDJAN, CôTE D'IVOIRE	To	XIAMEN, CHINA
L/C No	CNCE.IM020××502	Date of Shipment	before NOV. 20, 20××

Marks and Numbers	Number and kind of packages; description of goods	Quantity	Package	G.W	N.W	Meas
COCOA BEAN CNT NO. XIAMEN	COCOA BEAN, IN JUTE BAGS OF ABOUT 62.5 KG NET, 272 JUTE BAGS TRANSPORTED IN ONE 20FT CONTAINER	5,100 metric tons	81,600 jute bags	5,137 metric tons	5,100 metric tons	7,500 CBM
TOTAL		5,100 metric tons	81,600 jute bags	5,137 metric tons	5,100 metric tons	4,800 CBM
SAY TOTAL		U.S. Dollar Twelve million seven hundred and fifty thousand only				
COCOA HOLDING CO., LTD.						

11.6.8 科特迪瓦 COCOA HOLDING 公司的海运提单

Shipper OYFW COMPANY NO. 0910 YAN'AN ROAD, JIANGXI			中国海运广东公司 OCEAN BILL OF LADING	
Consignee or order TO ORDER OF ICBC BANK, XIAMEN			SHIPPED on board in apparent good order and condition (unless otherwise indicated) the goods or packages specified herein and to be discharged at the mentioned port of discharge or as near thereto as the vessel may safely get and to be always afloat. The weight, measurement, marks and numbers, quality and value, being particulars by the shipper, are not checked by the carrier on loading. The shipper, consignee and the holder of this Bill of Lading hereby expressly accept and agree to all printed, written or stamped provisions, exceptions and conditions of this Bill of Lading, including those on the back hereof. IN WITNESS where of the number of original Bills of Lading stated below have been signed, one of which being accomplished the other(s) to be void.	
Notify address OUWEN FOOD CO., LTD. ROOM 305, UNIT 3, BUILDING WANKE, SIMING ROAD, SIMING DISTRICT, XIAMEN CITY, FUJIAN PROVINCE, CHINA				
Pre-carriage by	Port of loading ABIDJAN, CôTE D'IVOIRE			
Vessel FAWEN 888	Port of transshipment			
Port of discharge XIAMEN, CHINA	Final destination			
Container No. & Seal No. or marks and Nos.	Number and kind of package	Description of goods	Gross weight	Measurement
OUWEN XIAMEN 09FW10 1-81600JUTE BAGS CONTAINER NO. SYA123456 SEAL NO. 130062 1 × 20 CY/CY	PACKED IN 81,600 JUTE BAGS. SHIPPED IN 300 CONTAINERS. ON BOARD NOV. 18, 20×× NAME OF VESSEL: FAWEN 888 PORT OF LAODING: ABIDJAN, CôTE D'IVOIRE	COCOA BEAN, 5,100 METRIC TONS FAWEN 888 XIAMEN, CHINA	5,105 metric tons	7,500 m^3
Freight and charges			REGARDING TRANSSHIPMENT INFORMATION PLEASE CONTACT	
Ex. Rate	Prepaid at	Freight payable at	Place and date of issue ABIDJAN, CôTE D'IVOIRE NOV. 17, 20××	
			Name	
			As agent	

11.6.9　欧文食品有限公司委托检验检疫机构做出的质量等检验证书

ENTRY-EXIT INSPECTION AND QUARANTINE
OF THE PEOPLE'S REPUBLIC OF CHINA

No.: 430529521125××

INSPECTION CERTIFICATE
OF QUALITY, QUANTITY AND WEIGHT

Consignor : COCOA HOLDING CO., LTD.

Consignee: OUWEN FOOD CO., LTD.

Description of Goods: COCOA BEAN, WHOLE 81,600 JUTE BAGS, EACH JUTE BAG ABOUT 62.5 KG NET

Quantity/Weight Declared: 81,600 JUTE BAGS/G.W. 5,105 metric tons /N.W. 5,100 metric tons

Number and Type of Packages: 81,600 JUTE BAGS

Means of Conveyance: SHIP/ FAWEN 888

Mark & No. : COCOA BEAN CNT NO. XIAMEN

RESULTS OF INSPECTION:

QUALITY:

ACCORDING TO RELEVANT STANDARD, REPRESENTATIVE SAMPLES WERE DRAWN AT RANDOM FROM THE WHOLE CONSIGNMENT FOR INSPECTION WITH THE RESULTS BELOW.

1. PHYSICAL TEST:

(1) APPEARANCE OF CONTAINER: NO SWELLING, NO DAMAGE, NO RUST, SEEMING GOOD.

(2) SHAPE, COLOUR, ODOUR & TASTE OF THE CONTENTS ARE NORMAL & HOMOGENEOUS.

(3) NO ADULTERATION.

(4) NET WEIGHT OF THE CONTENTS PER JUTE BAG 58 KG.

(5) FREE FROM ANY TOXIC OR NOXIOUS SUBSTANCES. FAT CONTENT(ON

DRY BASIS) MIN. 50%; MOISTURE MAX. 6.5%; SHELL CONTENT MAX. 13%; MOULDY BEANS MAX. 1%; SALTY BEANS MAX. 3%; INSECT INFECTED MAX. 2%; PURPLE OR VIOLET MAX. 10%; BROKEN PARTICLES MAX. 1%; FLAVOR: GOOD. SMOKY OR BURNT OF ODOUR: NOT EXISTING.

2.BACTERIOLOGICAL EXAMINATION:

FREE FROM PATHOGENIC BACTERIA AND WITHOUT ANY ROTTEN SYMPTOMS AFFECTED BY BACTERIA, FIT FOR HUMAN CONSUMPTION.

3.PHYTOSANITARY EXAMINATION:

ABOUT 20% OF THE COCOA BEAN DESCRIBED ABOVE IS CONSIDERED TO HAVE THE PESTS.

QUANTITY: 81,600 JUTE BAGS.

WEIGHT: G.W. 4800 MT. /N.W. 4732.8 MT.

THE GOODS ARE FIT FOR HUMAN CONSUMPTION AND THAT THE PRODUCTION AND EXPIRY DATES SHOWN ON THE LABEL COMPLY WITH L/C TERMS.

Official stamp: Place of issue CôTE D'IVOIRE Date of issue DEC. 30, 20××

Authorized Officer: SYA Signature: OYFW

(All inspections are carried out conscientiously to the best of our knowledge and ability. This certificate does not in any respect absolve the seller and other related parties from his contractual and legal obligations especially when product quality is concerned.)

11.7 谈判准备

准备1：欧文食品有限公司和科特迪瓦COCOA HOLDING公司在谈判前需要搜集哪些证据证明损失的责任方？

准备2：欧文食品有限公司的诉求是什么？

准备3：科特迪瓦COCOA HOLDING公司的诉求是什么？

第 12 章　中美公司关于大豆纠纷的谈判

12.1　背景知识

大豆，也叫黄豆，富含蛋白质、油脂、碳水化合物以及其他微量元素等，营养价值极高，有着"豆中之王"和"绿色牛乳"的美称。大豆的用途非常广泛，最常用来榨取豆油、制成饲料用的豆粕、提取蛋白质和卵磷脂、做各种豆制品以及酿造酱油。大豆起源于中国，在中国普遍种植，以东北大豆质量最优。世界各地的大豆都是由中国直接或者间接传播出去的。目前，巴西、美国和阿根廷是全世界三大大豆供应国，产量达到全世界的80%。

美国2021年大豆的总产量达到1.15亿吨左右，占全球总产量的31%左右。美国的大豆主要分布在伊利诺伊州、艾奥瓦州、明尼苏达州等十个州，这10个州的大豆产量占美国全国总产量的80%左右。

中国2021年大豆的消费达到1亿吨左右，主要从巴西、美国、阿根廷、俄罗斯进口。以2021年为例，中国从巴西购买的大豆数量达到5815.1万吨，占中国大豆进口总量的60.2%左右。中国从美国购买的大豆数量约为3231.2万吨，约为中国大豆进口总量的33.5%。中国从阿根廷进口的大豆为374.4万吨，占中国大豆进口总量不到3.9%。中国进口俄罗斯的大豆约100万吨，占比为1%左右。乌拉圭向中国输入86.6万吨大豆。其余大豆则是从其他国家零星购买。

12.2　买家资料：阳光食品股份有限公司

阳光食品股份有限公司（以下简称"阳光公司"）是国内知名的大型调味食品生产企业，总部位于上海，主营业务是厨房食品、饲料原料及油脂科技产品的研发、生产与销售。

阳光公司的厨房食品主要产品包括菜籽油、大豆油、玉米油、葵花油及其调和油等植物油系列。其中，大豆油深受消费者的欢迎，是阳光公司的主要产品之一。

阳光公司产品包装食用植物油分为压榨油、风味油、纯正油、调和油、礼品油和餐饮油等种类。阳光公司"餐餐有"品牌，是国内食用植物油菜籽油类代表性品牌，已经取得一定市场认可度和品牌美誉度，为国内食用植物油主要消费品牌之一。

阳光公司的生产模式为自产模式，在国内和国外购买油脂、油料等原材料，在公司的深圳、重庆、西安、武汉、广州等生产基地进行生产加工。阳光公司对各生产基地的生产安排进行统筹调度，保障公司产、供、销各环节的高效运转。阳光公司认为质量是企业的生命线，因此，阳光公司对食用油的质量非常重视，公司通过了 ISO 9001 质量管理体系认证，ISO 22000 食品安全管理体系认证，制定了一系列的质量管理制度并严格实施。阳光公司包装食用植物油销售模式包括经销商模式和直销模式。现阶段，阳光公司销售模式以经销商模式为主，主要通过各省、市、县的 1210 个区域经销商在各地方商超、小区门店、粮油店等终端向消费者销售，公司向经销商的销售原则为先款后货、款到发货。

受俄乌战争、能源危机、宏观经济等因素影响，食用植物油原料价格大幅波动。2022 年上半年，南美大豆减产、俄乌冲突爆发、印尼棕榈油出口禁令等多因素共振，食用植物油原料价格攀升至历史性高位，下半年价格虽有所回落，但从全年来看，价格仍然处于较高水平。2022 年，国内大豆、菜籽等油料种植面积有所提升，但我国食用植物油的原料进口依存度依然较高。波动剧烈的油脂原料价格，给食用油行业带来较大冲击，企业生产经营面临的不确定性和风险加大，利润空间受到较大挤压。因此，阳光公司从国内外采购的原材料成本直线上升，占主营业务成本的比重为 75% 以上。

12.3 卖家资料：布朗公司

Brown is one of the world's famous grain merchants, headquartered in New York. Brown's business covers 70 countries and regions worldwide, with 120,000 employees worldwide. The company provides raw materials and proprietary technology to some of the world's largest brands. At the same time, Brown Company is also engaged in the production, trading, processing, and distribution of bulk agricultural products, providing services and risk management solutions to farmers, closely connecting major agricultural product manufacturers and users around the world. Brown Company has established cooperative relationships with soybean growers and customers for over 150 years and is now the world's largest soybean processor.

Brown's business includes agricultural integrated products, edible oil products, milling products, sugar and bioenergy, and vegetable protein. Agricultural comprehensive enterprises are their main business, accounting for over 70% of the total operating income. The business model of Brown Company is to purchase agricultural products from farmers, and then provide a series of businesses such as warehousing, transportation, import and export transportation, precision processing, and terminal sales to obtain intermediate value.

Brown Company not only engages in the production, trading, processing, and distribution of bulk agricultural products, but also provides services and risk management solutions for farmers. It can also provide material resources and risk management solutions for customers in the energy and metal markets. In addition, Brown Company is also a leading maritime service provider with a large fleet and a global business footprint, providing customers with more maritime options and ensuring that goods arrive at their destination ports in good condition.

Brown Company has strict regulations for terms of orders. These terms and conditions (which include the terms and conditions on the face of the applicable Purchaser's Purchase Order ("Order") set forth the entire understanding between the vendor and purchaser and supercede (I) all other prior agreements, written or oral, between the vendor and purchaser with respect to the subject matter of this Order (except where the Order explicitly incorporates or references a written agreement between vendor and purchaser, in which case the terms and conditions of that written agreement apply and supercede these standard purchase order terms and conditions) and (II) any additional or conflicting terms contained on vendor's acknowledgment, confirmation, invoice or similar documents. Any additional or conflicting terms from vendor will have no effect. To avoid any doubt, if any terms and conditions on the face of the Order is different from these standard purchase order terms and conditions, the terms and conditions on the face of the Order shall prevail.

12.4 谈判动因

阳光公司每年都需要从境外采购占比较高的原材料，主要为大豆、棕榈油等原料及其加工品。其中，境外采购的大豆原产地主要为巴西、阿根廷、美国等国家。布朗公司是一体化的全球性农商与食品公司，为世界 500 强企业之一。布朗公司是阳光公司的长期合作供应商，阳光公司已经与其建立了稳定且良好的业务合作关系。另外，布朗公司也是阳光公司的母公司阳光国际主要的供应商。为了采购大豆，阳光公司和布朗公司在 2022 年的 8 月举行了大豆采购谈判。经过几轮会谈，2022 年 9 月，阳光公司签订了购买布朗公司 120000 吨大豆的购销合同，价格条件为船上交货并理舱价，平均每吨 595 美元，总价值为 7140 万美元；装货港为美国离中国最近的大港口西雅图港；分两次装运，装运期分别为 2022 年的 11 月和 12 月，由买方选择；阳光公司应在船舶到西雅图港前 10 天通知布朗公司有关船名，并在船舶到港 24 小时前由船长通知布朗公司或其代理有关船舶预计到西雅图港具体日期。另外，合同第十条争议解决条款规定，除不可抗力的原因，阳光公司如未能在合同规定的装运期内接装货物，因为迟装带给布朗公司的损失的具体赔偿方法是，从装运期满后的第 11 天算起，按照当月货价的 0.5%（不足一个月，则按具体比例计算）由阳光公司赔偿布朗公司。合同第十条同时规定，如果布朗公司未能在合同规定的装运期内交货，由此产生的滞期费和空舱运费则应由布朗公司负责补偿给阳光公司，如布朗公司超过合同规定装运期 45 天仍未能交货，则阳光公司有权决定取消或继续保留合同。阳光公司和布朗公司签订的合同如下：

Sales Contract
Contract No.：×S20××091556
Date: Sept. 15, 20××
Signed at: SHANGHAI, CHINA
The seller: BROWN CO., LTD.
Address: ROOM 368, UNIT 8, SUITE 302, NEW YORK CITY, USA.
Tel: 212-1999××10   Fax: 212-291568××
E-mail: BROWN@gmail.com
The buyer: SUNLIGHT FOOD CO., LTD.
Address: ROOM 508, BUILDING DONGFANG, PUDONG DISTRICT, SHANGHAI, CHINA.
Tel: 021-6634×××   Fax: 021-2529×××
E-mail: SUNLIGHT@163.com
The undersigned seller and buyer have confirmed this contract in accordance with the terms and conditions stipulated below:

1. Commodity and specification: US No. 2 Soy bean; Complete particle rate Min. 95%; Crude fat content Min. 20.0%; Protein content Min. 35%; Impurities Max. 1.0%; Moisture Max. 13.5%; Normal color and odor.

2. Quantity: 12,000 metric tons, with 5% more or less at seller's option.

3. Unit Price: US $ 595 per metric ton FOB Trimmed Seattle

   Total Amount: USD 71,400,000.00 (say U.S. Dollar Seventy-one million and four hundred only)

4. Packing: in bulk.

5. Shipment:

5.1 shipment date: to be effected before NOV. 30, 20×× and before DEC. 31, 20××.

5.2 place of loading and destination: from Seattle to Guangzhou

5.3 partial shipment and transshipment: With partial shipments allowed and transshipment allowed.

5.4 Shipping notice: the seller shall immediately, upon the completion of the loading the goods, advise the buyer of the Contract No., names of commodity, loaded quantity, invoice values, gross weight, names of vessel and shipment date by TLX/FAX.

6. Insurance:

   To be covered by the buyer

7. Terms of payment:

   100% of the invoice value shall be remitted by the buyer to the seller against the draft on L/C basis.

   The buyer shall open through a bank acceptable to the seller an Irrevocable Letter of Credit at sight, allowing partial shipment, transshipment in favor of the seller and addressed to the seller 20 days before the shipment and remained valid for payment in USA until the 15th day from the day of shipment.

   The covering Letter of Credit shall stipulate the seller's option of shipping the indicated percentage more or less than the quantity hereby contracted and be negotiated for the amount covering the value of quantity actually shipped (The buyer is requested to establish the L/C in amount with the indicated percentage over the total value of the order as per this Sales Contract).

   The contents of the covering Letter of Credit shall be in strict conformity with the stipulations of the Sales Contract. In case of any variation there of necessitating amendment of the L/C, the buyer shall bear the expenses for effecting the amendment. The seller shall not be held responsible for possible delay of shipment resulting from awaiting the amendment of the L/C and reserve the right to claim from the buyer for the losses resulting therefrom.

8. Documents required:

   The seller shall present the following documents required for negotiation/collection to the banks.

8.1 Full set of clean on board Ocean Bills of Lading.

8.2 Signed commercial invoice in 3 copies.

8.3 Packing list/weight memo in 3 copies.

8.4 Certificate of quantity and quality in 3 copies issued by a relevant authority.

8.5 Insurance policy in 3 copies.

8.6 Certificate of Origin in 3 copies issued by a relevant authority.

9. Inspection:

9.1 The seller shall have the qualities, quantities of the goods inspected by the BIVAC, which shall issue Inspection Certificate before shipment.

9.2 The buyer has the right to have the goods inspected by the local commodity inspection authority after the arrival of the goods at the port of destination.

9.3 If the goods are found damaged/short/their specifications and quantities not in compliance with the specified in the contract, the buyer shall lodge claims against the seller based on Inspection Certificate issued by the relevant Inspection Authority within 45 days after the goods arrival at the destination.

10. Discrepancy and claim clause:

10.1 In case of quality discrepancy on the quality of the goods is found by the buyer after the arrival of the goods at the port of destination, claim should be lodged by the buyer within 60 days after the arrival of the goods at the port of destination, while for quantity discrepancy, claim should be lodged by the buyer within 60 days after the arrival of the goods at the port of destination, being supported by Inspection Certificate issued by a reputable public survey or agreed upon by both parties. The seller shall, within 30 days after receipt of the notification of the claim, send their reply to the buyers.

10.2 When there is delay in delivery of any goods, the buyer is entitled to claim liquidated damages equal to 0.5% or such other percentage as may be agreed of the price of those goods for each complete week of delay, provided the buyer notifies the seller of the delay. Where the buyer so notifies the seller within 15 days from the agreed date of delivery, damages will run from the agreed date of delivery or from the last day within the agreed period. Where the buyer so notifies the seller after 15 days from the agreed date of delivery, damages will run from the date of notice. Liquidated damages for delay shall not exceed 5% of the price of the delayed goods or such other maximum amount as may be agreed.

10.3 When the seller has not delivered the goods by the date on which the buyer has become entitled to the maximum amount of the liquidated damages under article 10.2, the buyer may give notice in writing to terminate the contract as regards to such goods, if they have not been delivered to the buyer within 5 days of receipt of such notice by the seller.

10.4 When the seller has not delivered the goods by the date, the demurrage and empty freight shall be compensated by the seller. When the seller has not delivered the goods within 45 days of the shipping period, the buyer shall have the right to cancel or continue the contract.

10.5 In case of termination of the contract under article 10.2 or 10.3 then in addition to any amount paid or payable under article 10.2, the buyer is entitled to claim damages for any additional loss not exceeding 10% of the price of the nondelivered goods.

10.6 For the losses due to natural cause or causes falling within the responsibility of the ship-owners or the underwriters, the seller shall not consider any claim for compensation. In case the L/C does not reach the seller within the time stipulated in the contract, or under FOB price terms buyer do not sent vessel to appointed ports or the L/C opened by the buyers does not correspond to the contract terms and the buyers fail to amend thereafter its terms, the seller shall have the right to cancel the contract or to delay the delivery of the goods and shall have also the right to lodge claims for compensation of losses. Starting from the 11th day after the expiration of the shipment period, the buyer shall compensate the seller at a rate of 0.5% of the price of the current month's goods (less than one month, calculated in a specific proportion).

11. Force Majeure:

If any contracting party could not fulfill the contract by resistance of force majeure, the period of time for compliance should be extended accordingly. Hindered side should telegraph the other in the force majeure and termination, and deliver the Certificate issued by the competent bodies of the accident to the other for recognition by registered air mail within 14 days after the accident.

If force majeure event continues more than 120 days, the other party have the right to send written notice by registered air mail, asking a party to terminate the contract, and notification come to effect immediately.

> **12. Disputes Settlement:**
> Any dispute arising from or in connection with this Sales Contract shall be settled through friendly negotiation. In case no settlement can be reached, the case at issue shall then be submitted for arbitration to the China International Economic and Trade Arbitration Commission in accordance with the Rules of Arbitration in China. The award is final and binding upon both parties.
>
> **13. Law application:**
> (a) It will be governed by the law of the People's Republic of China under the circumstances that the contract is signed or the goods while the disputes arising are in the People's Republic of China or the defendant is Chinese legal person, otherwise it is governed by United Nations Convention on Contract for the International Sale of Goods.
>
> (b) The terms in the contract are based on INCOTERMS 1990 of the International Chamber of Commerce.
>
> **14. Versions:**
> This contract is made out in both Chinese and English of which version is equally effective, conflicts between these two languages arising there from, if any, shall be subject to Chinese version.
>
> This contract is in 6 copies, 3 for the buyer and 3 for the seller, and effective since being signed/sealed by both parties.
>
> Confirmed by:
> The Buyer: SUNLIGHT FOOD CO., LTD.
> The Seller: BROWN CO., LTD.

2022年10月20日，阳光公司致电布朗公司，要求告知11月交货的具体数量。布朗公司于当日复电称因美国国内运输紧张，11月无货可交，但是准备在12月一次性交货12万吨。电文如下表：

To:	Guo Gongzhen (General manager)
From:	Johnny Black (Sales manager)
Subject:	Modification of shipping date
Dear Guo, Please allow me to apologize for modification of shipping date. Due to the domestic transportation shortage in the United States, there is no goods to deliver in November, but it is ready to deliver 120,000 metric tons in December, 20××. Best regards, Johnny	

阳光公司接到上述电报后没有表态，也未对布朗公司未能按合同规定的交货期交货提出保留索赔权利。当年11月21日，布朗公司突然又致电阳光公司提出新的交货时间表，即当年12月可交货一船，共6万吨，剩下的6万吨于次年1月交货。

电文如下表：

To:	Guo Gongzhen (General manager)
From:	Johnny Black (sales manager)
Subject:	Modification of shipping date

Dear Guo,
Please allow me to apologize for modification of shipping date again. The new shipping date will be in December this year when soybean of 60,000 metric tons shall be transported by a ship. The remaining 60,000 metric tons will be delivered in January of the following year.

Best regards,
Johnny

从布朗公司的数次致电中不难看出，电文中修改后的交货时间已远远超过合同规定的交货期，布朗公司已构成交货时间的违约。但阳光公司对此态度模棱两可，既不表示同意，也不表示反对，而实际上按对方修改的交货时间陆续安排船位。当时双方公司都默认了合同的继续。接下来事情的发展也并非一帆风顺，布朗公司于当年12月1日致电阳光公司表示货已备妥，等待装货，要求安排船只。致电邮件如下表：

To:	Guo Gongzhen (General manager)
From:	Johnny Black (Sales manager)
Subject:	Arrangement of a vessel

Dear Guo,
We are glad to tell you the soybean of 60,000 metric tons are ready and waiting for loading. Please arrange a vessel before December 20, 20××.

Best regards,
Johnny

阳光公司遂安排了12月20日的船只接货。然而，直到12月30日，布朗公司才告知阳光公司因为打包问题，12月无法如期发货，两批货物发货时间各顺延一个月，即明年的1月和2月各交货6万吨。电文内容如下表：

To:	Guo Gongzhen (General manager)
From:	Johnny Black (Sales manager)

Continued

Subject:	Modification of shipping date

Dear Guo,

Please allow me to apologize for modification of shipping date again. Due to packaging issues, we were unable to ship the goods as scheduled in December. Both batches of goods were postponed by one month each and 60,000 metric tons will be delivered in January and 60,000 metric tons will be delivered in February of the following year.

Best regards,
Johnny

布朗公司在完成了 2023 年 1 月的 6 万吨的交货后,于次年 2 月 1 日致电阳光公司表示剩余的货已备妥,要求安排船只。电文如下表:

To:	Guo Gongzhen (General manager)
From:	Johnny Black (Sales manager)
Subject:	Arrangement of a vessel

Dear Guo,

We are glad to tell you the soybean of 60,000 metric tons are ready and waiting for loading. Please arrange a vessel before February 28, 20××.

Best regards,
Johnny

然而,国际航运市场发生了巨大的变化,船位非常紧张,阳光公司很难租到船只,以致派船迟缓。最后,在努力商谈下,于次年 4 月份才租到船只,货物于 4 月 30 日装运并离开西雅图港口。至此,所有货物装运完毕。虽然仍然是按照合同的约定分两次装运,但是整个装运时间晚了合同约定时间长达将近半年。因为装运的问题,阳光公司和布朗公司都造成了相当大的损失。于是,布朗公司于次年 9 月 10 日根据合同的相关规定,向阳光公司正式提出要求赔偿迟装和利息损失。阳光公司也根据合同相关规定,对布朗公司发起索赔。

案件发生以后,双方公司经过多次谈判,对造成双方损失的责任问题各持己见,分歧严重,谈判数轮仍未能达成协议。后由双方调解人和双方当事人共同组成协商会议,在上海对本案进行调解协商。

12.5　谈判目标

阳光公司和布朗公司需要根据已给出的信息并结合现实，合理设计谈判目标并进行谈判，谈判的结果应符合现实。在协商过程中，双方本着友好协商、公平合理解决争议的精神，充分申述自己的理由，各抒己见，缩小分歧，努力达成协议。

12.6　谈判准备

准备1：阳光公司和布朗公司在谈判前需要搜集哪些证据证明损失的责任方？
准备2：阳光公司的诉求是什么？
准备3：布朗公司的诉求是什么？

第 7 部分
国际商品买卖谈判案例

第 13 章　中美公司关于稀土的谈判

13.1　背景知识

稀土被掺杂在其他材料中，可以形成性能更加卓越的新型材料，因此，稀土被称为工业黄金、工业维生素或新材料之母。稀土是镧系元素、钪及钇等共 17 种金属元素的总称。稀土元素按照原子量大小通常分为轻稀土和重稀土。轻稀土包括：镧、铈、镨、钕、钷、钐、铕。重稀土包括：钆、铽、镝、钬、铒、铥、镱、镥、钪、钇。稀土产业包括上游、中游和下游。其中，上游是资源开采、冶炼分离，从稀土原矿得到稀土精矿，进而得到稀土氧化物（REO）。据统计，中国承担了全球 86% 的稀土矿产能的冶炼分离，澳大利亚莱纳斯（Lynas），公司只能承担 2 万吨的冶炼分离产能。因此，其他国家的稀土矿也需要运到中国进行冶炼分离。中游是稀土材料制备，将稀土氧化物制备成稀土永磁、抛光等材料。最为普遍的一种稀土材料是稀土永磁，大约消耗了稀土总量的 57%，附加值高，稀土永磁的核心产品为钕铁硼。下游为终端应用需求，稀土不仅是生产芯片的关键材料，对于新能源汽车、工业机器人、航空航天和军事工业来说，也是必不可少的。新能源汽车是未来永磁材料最重要的应用场景和拉动点。稀土产业三个环节的附加值并不一样，越往下游，稀土产业的附加值越高。

根据美国地质局（USGS）的数据，2020 年全球稀土探明储量约 1.2 亿吨，其中中国占了 4400 万吨，居全球首位，约占世界总储量的 37%，越南探明储量为 2200 万吨、巴西为 2100 万吨、俄罗斯为 1200 万吨、印度为 690 万吨、美国为 180 万吨，资源储量分布较为集中，全球前五的国家稀土探明储量占比接近 90%。然而，轻稀土和重稀土分布并不均匀，重稀土主要分布在中国和缅甸。中国的稀土储量分布亦高度集中，呈现"北轻南重"的格局。其中北方轻稀土矿以包头白云鄂博、四川冕宁、山东微山的氟碳铈矿为主。白云鄂博矿是全球最大的稀土矿，工业储量 3600 万吨，占全世界的 36%、中国的 80% 以上；南方重稀土矿以江西、广东等地区的离子型矿为主。从产量的角度看，如表 13-1 所示，中国是稀土产量最大的国家。

表13-1 2020年和2021年全球稀土产量情况

单位：万吨

名次	国家	2021年	2020年
1	中国	16.8	14
2	美国	4.3	3.9
3	缅甸	2.6	3.1
4	澳大利亚	2.2	2.1
5	泰国	0.8	0.36
6	马达加斯加	0.32	0.28
7	印度	0.29	0.29
8	俄罗斯	0.27	0.27
9	巴西	0.05	0.06
10	越南	0.04	0.07
11	布隆迪	0.01	0.03

中国不仅在稀土储量和产量都位居全球之首，还是全球最大的稀土消费市场，中国消耗的稀土数量占全球稀土消费总量的57%，其次是日本、美国和欧洲国家，分别占21%、8%和8%。中国在大量出口稀土的同时，也在大量进口稀土，如表13-2所示。中国出口的稀土以轻稀土为主，主要出口国为日本和美国，进口的稀土则以缅甸、马来西亚、美国等国的稀土矿为主，以此来满足国内对于稀土日益增长的需求。

表13-2 中国2019—2021年稀土金属矿进出口情况

项目	2019年	2020年	2021年
出口量/千克	46330000	35448000	48918000
进口量/千克	46700428	71803475	75671232
出口均价/美元	440200000	343900000	653400000
进口均价/美元	61198276	118356048	311702310

美国的稀土储备在世界排名并不靠前，但是其在2021年稀土的产量却位列第二。美国的稀土矿产品几乎全部出口到中国，进口的稀土十分依赖中国，有78%来自中国。美国进口的稀土以稀土化合物为主，出口则以精矿和化合物为主，如表13-3所

示。美国目前只有 MP Materials 公司（MP 材料公司）运营着全美唯一的稀土矿芒廷帕斯，该稀土矿没有加工能力，每年需要将稀土浓缩物运到中国进行加工。除此之外，在进口的稀土中，稀土磁体约为 4924 吨。美国将这些稀土磁体广泛应用于医疗设备、消费电子产品、国防产品等高端核心设备。这一数据并没有出现在美国地质局数据统计中。

表13-3 美国2019—2021年稀土矿相关数据

单位：吨

科目	具体科目	2019年	2020年	2021年
产量	精矿	28000	39000	43000
	化合物和金属	—	—	230
进口	化合物	12200	6510	7700
	铈铁，合金	330	247	320
	稀土金属，钪，钇	627	362	540
出口	精矿和化合物	28300	40000	45000
	铈铁，合金	1290	625	740
	稀土金属，钪，钇	83	25	29
消费（化合物和金属）		11200	5400	6100

稀土是不可再生资源，中国严格把控稀土的开采和冶炼。中国的工信部、自然资源部明确表示稀土是国家严格实行生产总量控制管理的产品，任何单位和个人不得无指标和超指标生产。从表13-4 可以看出，2021年稀土开采、冶炼分离总量控制指标从 2020 年的 140000 吨、135000 吨分别增长到 168000 吨、162000 吨。

表13-4 中国2020年和2021年稀土开采、冶炼分离总量控制指标

稀土氧化物，单位：吨

名称/年份	2021年			2020年		
	矿产品		冶炼分离产品	矿产品		冶炼分离产品
公司名称	岩矿型稀土（轻）	离子型稀土（中重）		岩矿型稀土（轻）	离子型稀土（中重）	
中国稀土	14550	2500	23879	14550	2500	23879

续表

名称/年份	2021年			2020年		
	矿产品		冶炼分离产品	矿产品		冶炼分离产品
公司名称	岩矿型稀土（轻）	离子型稀土（中重）		岩矿型稀土（轻）	离子型稀土（中重）	
五矿稀土		2010	5658		2010	5658
北方稀土	100350		89634	73550		63784
厦门钨业		3440	3963		3440	3963
南方稀土	33950	8500	28262	32750	8500	27112
广东稀土		2700	10604		2700	10604
合计	148850	19150	162000	120850	19150	135000
总计	168000		162000	140000		135000

中国稀土的开采和冶炼主要由中国稀土、北方稀土、五矿稀土、南方稀土、广东稀土、厦门钨业完成。稀土行业实行指标控制，每年增加数量有限，但需求却在爆发。新能源汽车和太阳能及风能发电的快速发展，使企业对稀土的需求也快速提升，从而导致稀土的价格不断攀升，并一直在高位运行。比如，2020年4月至2021年11月，氧化镨钕的价格从26万元/吨涨到了超80万元/吨，其间涨幅达210%。

针对稀土价格的飙升，市场上一部分人认为稀土价格的快速上涨会抑制下游需求的增长，从而让稀土价格回归理性。比如，在稀土永磁领域，中国占据了全球稀土永磁85%以上的供给，其中高端产能主要集中在中科三环、宁波韵升、正海磁材、金力永磁等头部企业手中，海外市场仅有日本信越化学、日立金属、TDK、德国瓦克华（VAC）等几家企业手中。从库存水平来看，氧化镨钕的库存已经从2020年初的11025吨逐渐降至2022年1月的3400吨左右，处于历史低位。但是也有人认为稀土涨价后，稀土永磁等企业可以通过在签新订单的时候适当涨价等方式来平滑成本。从长期来看，稀土在太阳能、风电领域的成本占比只有约5.5%，而在新能源汽车、消费电子等领域的成本占比不足1%。因此，稀土的高价可传导至新能源汽车和太阳能、风能发电等下游企业，影响不大。

13.2 买卖双方资料

13.2.1 买方资料：苹果公司

苹果公司是全球一流的软件和硬件公司，由史蒂夫·乔布斯、斯蒂夫·盖瑞·沃兹尼亚克和罗纳德·杰拉尔德·韦恩等人于1976年创立，2007年更名为苹果公司，总部位于加利福尼亚州。苹果公司于1980年12月12日在美国纳斯达克证券交易所公开上市，目前证券总股本为166.88亿股。

苹果公司设计、制造和销售的移动通信产品和服务多种多样，主要包括苹果手机、电脑、iPad产品、苹果手表系列等通信硬件和iOS、macOS、watchOS、tvOS、iCloud、Apple Pay、iTunes商店、App Store等互联网服务。然而，这些产品和服务对于苹果公司的贡献并不是均等的。其中，贡献最多的是苹果手机，营业收入占比57%，其次是互联网服务占比16%，其他产品占比10%，Mac产品占比9%，iPad产品占比8%。从下表13-5可以看出，苹果手机2017—2021年的出货量超过了两亿部，Mac产品和iPad的销量也在稳步增长。

表13-5 苹果手机、电脑和平板2017—2021年的全球出货量

单位：百万台

产品名称和年份	2021年	2020年	2019年	2018年	2017年
iPhone手机	239.0	206.1	191.0	208.8	215.8
Mac产品	24.4	22.5	17.6	18.0	20.0
iPad产品	57.8	53.3	49.9	43.3	43.8

苹果手机是苹果公司最出色的产品。据分析，一部智能手机通常包含41个元素，而苹果手机则包含46个元素。这是因为苹果手机在很多部件都使用了稀土，如相机、电池、彩色屏幕、电路板、处理器、震动马达等都含有稀土。具体来说，苹果手机的振动马达中用到了钕，摄像头中用到了镧。数据显示，在一部iPhone 4S手机中，含量最多的是铁，大约33克；其次是硅、铬和铜；稀土元素的占比不超过1%，其

中钕为 160 毫克、镨为 30 毫克、钇为 5 毫克。随着苹果手机的更新换代，稀土含量也在逐渐增加。如果按照 1% 的比例，一部苹果手机中大约含有 1.73 克的稀土。当然，苹果手机不仅仅在这些部分使用了稀土，在 iPhone 12 和 13 这两个系列中，苹果公司使用了 MagSafe 磁吸充电，该项技术的关键零件是隐藏在苹果手机后盖的永磁体，而钕铁硼磁铁就是永磁体的主要材料。

苹果公司自研软件和硬件的核心技术，拥有出色的产业链，使其产品的硬件成本低，加上苹果的高定价，因此，苹果公司是世界最赚钱的公司之一。如果按照 2021 年净利润 946 亿美元计算，苹果公司平均每秒赚 3000 美元，如表 13-6 所示。

表13-6　苹果公司2017—2021年财务状况

单位：亿美元

项目	2021年	2020年	2019年	2018年	2017年
营业收入	3658	2745	2602	2656	2292
营业成本	2129	1696	1618	1638	1410
毛利	1528	1050	983.9	1018	881.9
研发费用	219.1	187.5	162.2	142.4	115.8
营销费用	219.7	199.2	182.4	167.1	152.6
营业费用	438.9	386.7	344.6	309.4	268.4
营业利润	1089	662.9	639.3	709.0	613.4
税前利润	1092	670.9	657.4	729.0	640.9
净利润	946	574.1	552.6	595.3	483.5

13.2.2　卖方资料：鑫泰科技有限公司

鑫泰科技是华宏科技的子公司，是华宏科技三大再生资源业务支柱之一（三大业务即报废机动车回收拆解、废铁钢综合利用及稀土回收料的综合利用）。鑫泰科技坚持以持续技术创新为导向，不断追求智能化研发设计、数字化运营管理，精细化成本控制、自动化生产制造。该公司拥有自主产品的核心技术和知识产权，参与多项国标行标的制订，取得多项发明、实用新型软件著作权，并继续不断创新与改善，持续优化。

鑫泰科技是一家稀土回收料再提炼的变废为宝的高新技术企业，主要从事稀土资源综合利用业务,通过钕铁硼废料和荧光粉废料再提炼生产高纯度稀土氧化物。该公司钕铁硼废料和荧光粉废料再提炼年处理能力分别为5000吨、1000吨。鑫泰科技集产品研发、生产、销售为一体。

鑫泰科技和其子公司金城新材料主营高纯稀土氧化物,其主要产品包括氧化镨、氧化镨钕、氧化钕、氧化铕、氧化钇、氧化镝。鑫泰科技的子公司中杭新材料则主营永磁材料。鑫泰科技年产4000吨稀土氧化物、2800吨稀土永磁材料。除此之外,鑫泰科技也生产稀土金属。目前,中国的钕铁硼废料处理行业集中度不高。虽然中国有20多家企业处理钕铁硼废料,然而年稀土氧化物产量超过1100吨的企业只有3家,分别为赣州步莱铽新资源有限公司(市场份额8%)、信丰县包钢新利稀土有限责任公司(市场份额8%)和吉安鑫泰科技股份有限公司(市场份额8%)。

鑫泰科技通过与下游客户签署长期供货协议的方式,提前锁定未来年度内供应稀土氧化物的数量和质量。鑫泰科技与南方稀土、五矿稀土等国内知名稀土企业签订了长期供货协议,提前锁定稀土氧化物的年度供货量。具体来讲,鑫泰科技与南方稀土在未来的1年供货氧化镨钕,每月60吨。鑫泰科技与五矿稀土集团签署的《氧化物采购合作框架协议》为期1年,月度订货量约100吨。与宁波复能签署的《战略合作购销框架协议》的品种也是稀土氧化物,为期1年,月度订货量为32.5吨。通过提前锁定的方式,鑫泰科技确保了公司经营稳定。

鑫泰科技的再生资源运营稀土回收料综合利用业务是华宏科技的主营业务,2020年和2021年该业务带来的营业收入在华宏科技的总营收中占比分别为31.46%和47.98%。从表13-7中可以看出鑫泰科技的稀土氧化物的销售量、生产量、营业收入和营业成本都出现了较大的增长。

表13-7 2020年和2021年鑫泰科技稀土氧化物的量以及稀土回收料综合利用情况

名称	项目	2021年	2020年
稀土氧化物	销售量/吨	4928	2886
	生产量/吨	4898	2900
	库存量/吨	100	89
稀土回收料综合利用	营业收入/元	3251713586.00	1062130891.26
	营业成本/元	2682167426.26	912374992.08

13.3　谈判动因

苹果手机使用高通的基带芯片，并为此每部手机向高通支付 8～9 美元的专利授权费。为了降低综合成本及其他原因，苹果一直去"高通化"。最近，苹果公司公开表示计划在 2023 年发布的苹果 15 系列中放弃应用高通基带芯片技术，转而采用自研的基带芯片。

由于稀土是芯片生产的基础原材料，苹果已经在手机和平板的很多部件中使用了稀土，再加上即将生产自研的基带芯片，这会使苹果公司对稀土的需求猛增。如果苹果公司直接从手机里回收稀土，每回收 10 万台手机可以提取 32 公斤稀土，效率太低，因此，和第三方供应商合作才是最好的选择。

苹果公司为了环保的形象和保证供应稳定，成为首个在手机等主要元器件中使用回收稀土材料的公司。苹果公司需要供应商提供 100% 回收料生产的稀土。为此，苹果公司和鑫泰科技自 2019 年 10 月开始进行前期合作沟通。鑫泰科技先后通过苹果公司产品性能、环保、安全、社会责任等验证、审核和评价，取得供应商资格，为后者提供稀土。此后，鑫泰科技和苹果公司关系一直很好。通过合作，鑫泰科技作为供应方为自己的产品找到了市场，而苹果公司在稀土价格不断攀升和缺货的背景下，以一个相对合理且稳定的价格获得稀土。对双方而言，这是一场双赢的合作。此次鑫泰科技和苹果公司的谈判是需要确定 2023 年的稀土供应。

13.4　谈判目标

苹果公司和鑫泰科技需要根据已给出的信息，结合现实，合理设计谈判目标并进行谈判。

13.5　谈判准备

准备 1：苹果公司的谈判议程和谈判目标。
准备 2：鑫泰科技的谈判议程和谈判目标。

13.6 需要达成的合同范本参考

国际商会国际销售示范合同

（仅用于旨在转售的制成品）
1997年版本
导论

（一）总特点

国际商会《国际销售示范合同》范本分两部分。

A. 具体条款：列明供某一特定销售合同采用的特定条件；

B. 一般条款：列明采纳国际商会一般销售条件的所有合同共用的标准条件。

本合同范本是在假定当事人通常都同时使用A、B两部分，且在草拟每一部分条款时都应考虑到另外部分条款的情况下起草的。

另外，合同双方可仅将B部分（一般条款）订入他们的合同。若双方当事人意欲仅采用本合同范本的B部分条款，他们必须将下列条件列入其特定合同中：

"本合同应受国际商会一般销售条件（仅用于旨在转售的制成品）管辖。"

当然，在此情况下，A部分条款不会被采用，且B部分中任何对A部分条款的援引都将被视为对双方在他们的特定合同中所达成的任何相关具体条件（若有）的援引。（见B部分1.1条之规定）

（二）适用范围

本合同范本主要是针对旨在转售的制成品的销售合同而言的，在此情况下，买方不是消费者，该合同是项独立的交易而不是长期供货协议的一部分。现将本范本适用的合同的各个特征分述如下。

"制成品"：本范本不能满足初级产品特别是原材料农产品或食品和易腐货物的销售合同中所要求的特定条件的需要。

"旨在转售"：本范本主要用于一般商业活动中所买卖的且易为替代的商品，而不用于定造的商品或最终用户所购买的设备。对这些特制商品，或范围更广一点，对机器，设备而言，使用别的标准条款或许更合适。如ECE188机械、电力和相关电子产品供货的一般条款。

本范本不适用于对消费者的销售,而只适用于对从事转售商品业务的购买者的销售,如经销商、进口商、批发商等。本范本主要是为一次性买卖而设计的,而不是为连续供货协议设计的。这就是本范本合同未包含那些很可能出现在长期供货协议中的条款(如价格调整条款)的原因。应该强调的是:上述提示只是想让那些可能采用本范本合同的人了解负责起草本范本合同的起草委员会的意图;并不妨碍在那些起草委员会没有特别针对的交易中使用本范本合同(特别是 B 部分包含的一般条款)。但是,若用于本范本合同的商品与起草委员会最初考虑的有实质性不同时,合同双方务必弄清楚范本合同的所有条款皆能符合他们的意图。

(三)适用法律

除非合同双方另有约定。本范本合同适用《联合国国际货物销售合同公约》(CISG)即《1980 年维也纳公约》。为了便于参照,该公约已作为附件1附在本范本合同后面。通过将维也纳公约并入范本合同 B 部分 1.2(a)款中,不论买卖双方所在国是否已经批准该公约,该公约均将适用。

起草委员会之所以选择在没有相反约定的情况下适用该公约,是因为采用诸如 CISG 这样专门为国际交易而制订的统一的法律是适宜的、本范本合同是在如下假定条件基础上起草的,即合同双方的权利要受联合国国际货物销售合同公约(维也纳 1980,以下称(CISG)的约束,并且。公约未规定的问题,要受卖方营业地所在国法律的管辖(第 1、第 2 条)。因此,不鼓励当事人选择某一国内买卖法来管辖本合同。虽然 CISG 并未规定销售合同的所有方面,但它有助于促进统一性与一致性。然而,倘若双方当事人意欲选择某一国内法律采取代 CISG,须填写 A 部分表格 A-14(a),那么双方应慎重核细,以确保其所选择适用的国内法与本范本合同之条款不相冲突;若双方当事人急欲选择某一非卖方所在国之法律管辖 CISG 未做规定的问题,则应填写表格 A-14(b)。

(四)修改须以书面证明

为保证双方所达成条款的最大确定性,B 部分第 1、第 5 条规定合同之修改必须以书面形式作出。然而,该项要求并不是绝对的。在保持与 CISG 第 29(2)条一致的同时,范本合同 1、第 5 条接着写道:如果一方当事人已经口头或行为表示同意某项书面条款之修改,且另一方当事人已经信赖这样的口头协议或行为,那么该方事人就不能援引书面形式之要求。

（五）装运和交货条件

合同双方当事人应在 Incoterms ①中选择适当的贸易术语。

虽然合同范本 A 部分在 A-3 中列出了所有现行的国际贸易术语，但是，起草委员会建议双方当事人应慎重考虑，避免使用需提交像提单这样可转让运输单据的术语，如 CFR 和 CIF，制成品在运输途中是很少进行销售和抵押的，因而很少需要使用可转让的运输单据。同样，在结合本合同范本，使用诸如 FAS、FOB、DES 和 DEQ 这类规定货物须交至或卸离船舶的贸易术语之前，合同双方当事人也应谨慎考虑。制成品通常在装卸区交付运输，不论是港区内还是在内陆仓库。因此，使用这样的术语会与合同范本所要求的货物种类不符。

因此，起草委员会认为最适合合同范本使用的贸易术语通常是 EXW（工厂交货）、FCA（货交承运人）、CPT（运费付至）、CIP（运费保费付至）、DAF（边境交货）、DDU（未完税交货）或 DDP（完税后交货），正因如此，本合同范本 A 部分表格 A-3 首先将这些术语列出，而没有按照 Incoterms 所列的顺序。还需提醒合同双方注意的是：尽管 Incoterms 阐明了卖方和买方各自的主要义务及其相互间的风险和费用的划分，但并未对合同双方当事人间可能产生的所有争议问题提供全面的解答，因而在某些如 FOB 术语项下，任何一方当事人皆无义务投保。相应地，就须由双方当事人约定他们中间谁来负责投保。另外，术语 CIP、CPT 和 FCA 并未划分装卸区操作费用该由哪一方负担，这样，卖方与买方间对该操作费用的划分，就成为一个需双方特别议定的问题。

（六）交货时间

由双方在合同范本 A 部分 A-4 中列明的交货时间，是指在某一日期或某段时间内卖方有义务履行其在买卖合同项，特别是在双方选择的相关贸易术语项下的交货义务。记住这点很重要、这里的"交货时间"是与合同约定的交货地点相联系的。该约定地点并不一定是货物到达买方的地点。这样，在 CPT（运费付至）术语项下，当卖方将货物交付承运人照管之时，（根据该贸易术语项下 A-4 款）而不是在货物到达目的地指定地点之时，卖方就完成了其交货义务。起草委员会因此建议在填写合同范本 A 部分表格 A-4 从而就交货时间达成一致意见之前，双方应根据合同范本 A-3 所选择的贸易术语，仔细审核交货在哪个阶段进行，即卖方于范本合同 A-4 所规定的时间之时 / 之前必须履行的在相应术语下被称作交货的行为。

双方可约定某一准确日期（如"1998 年 2 月 10 日"或"截至 1998 年 2 月 10 日"）

或者某一段时间（"1998年2月第三周""1998年3月"）作为交货时间。双方也可以规定从某一特定日期起算的一段时间（如"买卖合同签字后60天""收到约定的预付款后90天"）。若规定一段时间作为交货时间，根据CISG第33条规定，除非情况表明应由买方选择一个日期，否则，卖方可在该期间内的任何时候交货。

（七）付款条件

写明A-7所列项目指定付款的方式和时间是很重要的。在向卖方银行转账付款的情况下，应写明该银行及其分行的名称和地址，同时应附有足以鉴别银行账户的其他细节，并且，若有需要，还需写明电信付款方式（如电报转账、电子资金转账）。

（八）卖方须提交的单据

卖方向买方提供某些特定单证，如发票、运输单据、证书等，是国际买卖中的通常做法。合同范本A部分A-8给双方当事人提供了一个明确表示其有关单证意向的机会。有两点值得注意。

（a）合同当事人必须审核A部分A-3中所选择的特定贸易术语项下需提交哪些单证（如果有的话）。若双方当事人意欲增加或改动所选择的术语项下的有关单证的状况应在A部分A-8中清楚地予以写明。

（b）如双方同意通过信用证付款，应注意确保双方都清楚信用证项下所要求提交的单证。当A部分A-3所选择的贸易术语并未要求卖方履行单证义务（如工厂交货）时，这一点尤为重要。

为了本合同范本使用者使用之便，表13-8列出了常用的一些运输单据及其适应的运输方式。下列单据中有些是物权凭证，它赋予持有者处置货物的权利，而其余的则只是证明货交某一承运人或仓库管理人的单据。

表13-8　常用的运输单据的基本信息

单证类型	运输方式	注释
提单	海运 亦经常用于多式联运	可转让的物权凭证，在单据做成指示抬头的情况下，买方可通过转让提单来出售或抵押货物
多式联运单据	涉及至少两种不同运输方式的运输	有许多名称：联运单、集装箱提单、运协多式联运提单及其他名称

续表

单证类型	运输方式	注释
海运单	海运	有多种名称：货物主要收据，不可转让提单，班轮运单，不可转让；除非海运单载有禁止变更的无处置权条款，卖方在缺陷货之前可变更交货指示
大副收据	海运	证明货交承运人的单据。按 FOB 或 FCA 术语销售时，有时签发给托运人，代替提单提交买方
空运单	空运	有时亦称作航空托运单
托运单	陆运	有时也称作国际铁路货物运输公约（铁路）托运单或国际公路货物运输合同公约（公路）托运单或运单
仓单	海运或陆运	当货物在卖方或买方所在地以备买方提取时使用的可转让单据
运输行出具的单据	海运、空运、陆运或多式联运	重要的一点是分清运输行是作为承运人还是作为承运人的代理人承担货物运送责任
装箱单	海运、陆运或多式联运	记录所装入卡车、包装箱或集装箱的货物的单据可作为买卖双方的交货证明，但是最重要的是要弄清楚谁签发且在什么阶段签发装箱单

（九）所有权的保留

正如本范本合同 B 部分第 7 条规定的那样，通过填写范本合同 A 部分 A-6 表格或以其他方式，双方可约定在付款讨讫之前，卖方将保留对货物的所有权。但仍应牢记：按照许多国家的国内法，对旨在转售之货物保留所有权，并非总是有效的。因此，卖方应按照相关法律（通常为货物所在国之法律），仔细审核能否以及在多大程度上可援引 B 部分第 7 条的规定。

（十）对消费者之担保义务

本范本合同以其为主要适用对象的该类商品的制造商通常都向最终购买者（消费者）提供担保（根据实际情况的不同，或是修理或是交付替代品）。在此情况下，制造商对最终用户的担保（义务）可能与卖方在合同项下的义务重叠。实际上，当商品存在缺陷时，最终购买者原则上可按销售合同向卖方索赔或按照制造商所提供的担保直接向其索赔。

在这些情形下，对国际货物销售合同双方当事人而言，适当的做法是：双方具体约定，买方将与其本身就可能是制造商的卖方进行合作，处理担保事宜，比如，证实商品出售给最终消费者的日期，该日期通常为制造商履行某些担保义务的起始之日，比如，对不符商品进行修补或替换之义务。

本范本合同 B 部分第 12 条规定了双方间理想合作的基本内容，双方亦可在合同范本 A 部分 A-15 表格中订立适当的条款来约定合作方面的其他事宜。

（十一）责任限制

按照国际贸易惯例，合同范本 B 部分规定了可向违约方请求的损害赔偿的限额，目的是合理协调以下两者间的矛盾，买方要求卖方对其违约造成的损失进行全额赔偿，而卖方又将其对损害赔偿之责任限定在可以明确预见的范围之内。鉴于对所有类型的产品而言，不能以标准条款形式达成这样一种平衡，起草委员会决定在 B 部分中只规定基本方案（第 10.1、第 10.4、第 11.3、第 11.5 和第 11.6 条），但在 A 部分中（A-10、A-11 和 A-12）为双方明确定提供了商定修改上述方案的机会。

（a）迟延交货或不交货。买方可对迟延交货请求：

（i）第 10.1 条规定的预定损害赔偿金；即每周为迟交货物价款的 0.5%，但最高人得超过迟交货物价款的 5%；

（ii）在因迟延交货买方按照第 10.2 条或第 10.3 条规定终止合同的情况下买方除可要求上述预定损害赔偿金外，还可对经证实的损失取得不超过个交货物价款的 10% 的金额（见第 10.4 条）。

标题（i）所指的损害赔偿是针对货物最终已交付且已被接受的迟延交货而言的。在此情况下，买方只需证明迟延交付，而无须证明实际损失就可取得其最高限度为迟交货物价款 5% 的预定损害赔偿金。

标题（ii）所指的损害赔偿是针对因迟交买方行使终止合同权利之情况。此时（买方）仍可获得上述预定损害赔偿金，但仅在其能证明的范围内，在考虑了其有权获得的预定损害赔偿金仍有其他损失时，买方才可请求额外的（不超过价款 10%）损害赔偿金。

最后，合同双方当事人可能过填写范本合同 A 部分 A-10 表格来更改第 10.1 条和第 10.4 条规定的方案。

（b）货物不符。对交付不符货物的救济方式遵循了适用于迟延交货的救济方式。这种违约（货物不符）本身并不能给予买方终止合同的权利，并且若卖方对此种违约进行了补救，那么买方的损害赔偿就仅限于由此而引起的迟延，请求最多不超过某一数额的预定损害赔偿金。该数额与按照第 10.1 条对第一阶段之迟延要求的损害赔偿金合并计算时，不超过不符货物价款的 5%。只有在这种不符未予补救（且合同终止）的情况下，买方才有权对其能证明的，即使退还款和对迟延进行损害赔偿也不能弥补的任何额外损失请求进一步赔偿。

若买方通知卖方货物不符，卖方可有三种选择：替换货物、修复货物或返还价款。如果卖方延迟替换或修复货物，那么，买方有权按上述标题（a）(i）项下所规定的同一方案请求预定损害赔偿金。另外，若买方选择接受不符货物，他有权从卖方那里取得与其货物相符的价格差额，但以不超过该货物价款的 15% 为限。最后，若合同终止，买方除可请求返还价款和迟延损害赔偿金之外，还可对其能证明的额外损失要求赔偿，但该额外赔偿金不得超过不符货物价款的 10%。

起草委员会认为这些方案是对双方当事人之间矛盾利益的合理平衡，当然，双方仍可另作约定。通过填写 A 部分 A-11 表格，双方当事人可决定以下列方式来更改上述平衡方案。

（a）确定一个高于（或低于）第 11.5 条之 10% 限度的最高责任限额。

（b）另做其他规定。

（十二）卖方违约买方终止合同

本范本合同拟定了买方因卖方违约而有权终止合同的三种情况。

（a）卖方未能在合同范本 A 部分 A-9 表格中所规定的解约日到来之前完成交货（见第 10.2 条）。

（b）在没有上述那样约定日期的情况下，如买方已按第 10.1 条规定及时将货物迟延情况通知卖方，而迟延交货的最高预定损害赔偿金额已达到，即自卖方本应交货之日起算满 10 周，并且卖方收到解约通知满 5 天，卖方仍未交货者（见第 10.3 条）。

（c）当迟延货物及/或不符货物之价款的 5% 这一总计限额已达到（即在货物不符的情况下自通知之日起满 10 周）并且卖方收到解约通知已满 5 天时，而卖方仍未修复或替换不符货物者（见第 11.4 条）。

（十三）不可抗力

包含在本合同范本 B 部分第 13 条中的不可抗力条款，是以 ICC 不可抗力条款为基础，并作了一些修改，目的在于，当发生公认的不可抗力事件时更有效地分摊损失。

(十四)争议解决

通过填写合同范本 A 部分 A-14 表格,双方可选择仲裁或诉讼方式解决合同项下发生的争议。无论选择仲裁还是诉讼,双方都应具体规定仲裁或诉讼的地点。在双方未对仲裁和诉讼作出选择的情况下,本范本合同将假定国际商会(ICC)仲裁是双方所希望的解决争议的优选方式。

若双方选择诉讼方式而未表明诉讼地,根据法律适用规则,普通法院将有管辖权。

国际销售合同范本(ICC 国际销售合同)
A(仅用于旨在转售的制成品)

提供这些具体条款目的在于允许双方当事人,通过填写留有的空格或选择本文提供的可供选择之条款,从而约定其销售合同的特定条款。显然,这并不妨碍双方在以下具体条款表格中或在一个或多个附件中,约定其他条款或进一步的细节。

具体条款

卖方	
姓名及地址	联系人
	姓名及地址

买方	
姓名及地址	联系人
	姓名及地址

本销售合同将受这些具体条款(以填就的相关表格中的条款为限)和构成本文件 B 部分的 ICC 一般销售条款(仅用于旨在转售的制成品)之约束。
(地址)_____(日期)_____ 卖方_____买方_____

A-1	所售货物
货物说明:	

A-2	合同价格
货币：	
金额：	

A-3	交货条件
建议采用之术语（INCOTERMS 2000）	
EXW 工厂交货	指定地点：
FCA 货交承运人	指定地点：
CPT 运费付至	指定目的地：
CIP 运费保险费付至	指定目的地：
DPU 卸货地交货	指定地点：
DAP 目的地交货	指定目的地：
DDP 完税后交货	指定目的地：
FAS 装运港船边交货	指定装运港：
FOB 装运港船上交货	指定装运港：
CFR 成本加运费	指定目的港：
CIF 成本保险费加运费	指定目的港：

承运人

姓名及地址	联系人

A-4	交货时间

在此表明卖方根据相应贸易术语项下的第 A-4 条规定必须完成其交货义务的日期或期间，如周或月份。[见导论（六）]

A-5	货物检验（第 3 条）
装运前 _____（检验地点）	
其他：	

A-6	所有权保留（第 7 条）
是　　　　　　否	

A-7	支付条件（第5条）
□赊账方式（第5.1条） 自发票日起_____天支付（若与第5.1条款之规定不同） 其他：_____ □赊账以见索即付保函或备用信用证作为担保（第5.5条）	□不可撤销跟单信用证（第5.3条） □保兑 □未保兑 开证地点（若有）： 保兑地点（若有）： 信用证兑现方式有： □即期付款 □延期付款：_____天 □承兑汇票：_____天 □议付 分批装运：□允许□不允许 转运：□允许□不允许 必须将跟单信用证通知卖方的日期（若与第5.3条之规定不同）： □交货日期前_____天 □其他：
□预付款方式（第5.2条） 日期：_____（若与第5.2条之规定不同） □总价款： □该价款的_____%	
□跟单托收（第5.5条） □D/P付款交单 □D/A承兑交单	

□其他：
（如支票、银行汇票、电子资金转账至指定银行的卖方账户）

A-8	单据

在此列明卖方须提供的单据。建议合同双方要对其在具体条款A-3中选择的术语进行审核。
关于运输单据，亦见导论（八）。
□商业发票
□运输单据：表明所需运输单据之种类
_____
保险单据：
□原产地证书
□商检证书
□装箱单
其他：

A-9	解约日期

仅在双方意欲修改第10.3条的条件下才可填写。
　不论何种原因（包括不可抗力）若在_____（日期）之前货物未交付，则在通知卖方的情况下，买方将有权立即解除合同。

A-10	延迟交货的责任（第10.1、第10.4或第11.3条）

仅在双方意欲修改第10.1、第10.4或第11.3条时，才可填写。
迟延交货之预定损害赔偿金
应为：
☐每周（占延迟交货价款的）_____%，最多（占延迟交货价款）_____%
或者：
_____（规定金额）
在因迟延而解约的情况下，卖方对迟延赔偿金额限于未交货物价款的_____%

A-11	货物与合同不符的责任限制（第11条）

仅在双方意欲修改第11.5条时填写。
卖方对因货物不符而引起的损害赔偿之责任应为：
☐仅限于已证实之损失（包括间接损失、利润损失等）但不超过合同价款的_____%；
或者：
☐如下（列举）：

A-12	买方保留与合同不符货物时卖方的责任限制（第11.6条）

仅在双方意欲修改第1.66条时才可填写。
如买方保留不符货物，价款的减让不得超过：
这些货物价款的_____%或_____（订明金额）

A-13	诉讼时效（第11.8条）

仅在双方同意修改第11.8条时，才可填写。
任何对货对货物不符之诉讼（如第11.8条所规定）必须由买方在不晚于自发物到达目的地之日起_____（天）提出。

A-14	适用法律（第1.2条）

A-14(a)	A-14(b)
仅在双方意欲使其销售合同受某一国内法律而不是CISG约束时，才可填写。以下解决方式并未被推荐。 [见导论（三）] 此项法律由_____（国家）之国内法管辖。	在双方意欲选择除卖方所在国法律以外的某一国法律解决CISG未做规定的问题时才填写。 CISG未做规定的任何问题将由_____（国家）之法律管辖。

A-15	争议解决（第14条）

下列的两种解决方式（仲裁或诉讼）只能两者选其一；当事人不能两者同时选择。如果未予选择，根据第14条规定，将适用ICC仲裁。

☐ 仲裁	
☐ CICC(根据第 14.1 条）	☐ 诉讼（普通法律）
仲裁地点：	遇有争议时，_____（地方）的法院应享有管辖权。
☐ 其他：（写明）	

A–16	其他

国际销售示范合同（ICC 国际销售合同）

（仅用于旨在转售的制成品）

B

ICC 一般销售条款

第 1 条 概述

1.1 这些一般条款旨在与 ICC 国际货物销售同（仅用于旨在转售的制成品）的具体条款（A 部分）结合使用。但亦可单独并入任何销售合同。在一般条款（B 部分）独立于具体条款（A 部分）而单独使用的情况下，B 部分中任何对 A 部分之援引都将被解释为是对双方约定的任何相关的具体条款之援引。一旦一般条款与双方约定的具体条款相抵触，则以具体条款为准。

1.2 本合同本身所包含的条款（即一般条款和双方约定的任何具体条款）没有明示或默示解决的任何与合同有关的问题，应由：

（a）联合国国际货物销售合同公约（1980 年维也纳公约，以下简称 CISG）管辖；及

（b）在 CISG 对这些问题未做规定的情况下，则参照卖方营业地所在国的法律来处理。

1.3 任何对贸易术语（如 EXW、FCA 等）之援引都视为是对国际商会出版的 INCOTERMS 的相关术语之援引。

1.4 任何对国际商会出版物之援引都视为是对合同成立时的现行版本之援引。

1.5 除非书面约定或证明，任何对合同的修改都是无效的。但若一方当人的行为已为另一方当事人信赖，那么，就此而言，该方当事人就不得主张此项规定。

第 2 条 货物特征

2.1 双方约定，除非合同明确提及卖方所提供的商品目录、说明书、传单、广

告、图示、价目表中包含的任何有关货物及其用途的信息，如重量、大小、容量、价格、颜色及其他数据，都不得作为合同条款而生效。

2.2 除非另有约定，尽管买方有可能得到软件、图纸等，但他并未因此获得它们的产权。卖方仍是与货物有关的知识产权或工业产权的唯一所有者。

第 3 条　货物在装运前的检验

若双方已约定买方有权在装运前检验货物，则卖方必须在装运前一个合理时间内通知买方货物已在约定地点备妥待验。

第 4 条　价格

4.1 如果没有约定价格，则应采用合同成立时卖方现行价目表上所列价格。若无此价格，则应采用合同成立时此类货物的一般定价。

4.2 除非另有书面约定，此价格不包括增值税，并且不能进行价格调整。

4.3 A-2 表格所示价格（合同价格），包括卖方根据合同所付的任何费用。但如果卖方负担了按合同规定应由买方承担的任何费用（例如，EXW 和 FCA 术语下的运费或保险费），那么，此数额不应认为已包括在 A-2 表格所示的价格中，而应由买方偿还卖方。

第 5 条　支付条件

5.1 除非另有书面的，或可从双方间先前交易做法推知的其他约定价款和任何其他买方欠卖方的金额，应以赊账方式支付，并且支付时间为自发票开具之日起 30 天。到期金额，除非另有约定，应以电传方式划拨至卖方所在国的卖方银行，记入卖方账户。并且当各到期金额以可动用之资金形式由卖方银行收讫时，就认为买方已履行了其付款义务。

5.2 若双方约定贷款预付且再无其他表示，则除非另有约定，应认为该预付款是对全部价款的预付，必须在约定的交货日期或约定交货期间的第一天前至少 30 天，以即可动用的资金形式由卖方银行收讫。如果双方约定仅预付一部分合同价款，则余额的付款条件按本条所述规则办理。

5.3 如果双方约定以跟单信用证方式付款，那么，除非另有约定，根据国际商会出版的《跟单信用证统一惯例》，买方必须安排一家信誉良好的银行开出以卖方为受益人的跟单信用证，并且必须在约定的交货日期或约定的交货期间的第一天前至少

30 天通知卖方。除非另有约定，跟单信用证的兑现方式应为即期付款，并允许分批装运和转运。

5.4 若双方约定以跟单托收方式付款，则除非另有约定，应为付款交单（D/P）。在任何情况下，交单都应按国际商会出版的托收统一规则办理。

5.5 在双方已约定货款支付由银行保函作担保的情况下，买方应在约定的交货日期前至少 30 天或在约定的交货期间第一天前至少 30 天，通过一家信誉良好的银行，根据国际商会出版的见索即付保函统一规则，提供见索即付的银行保函，或根据此规则或国际商会出版的跟单信用证统一惯例，开立备用信用证。

第 6 条　延迟付款的利息

6.1 如果一方有一定金额的款项到期未付，则另一方有权取得该款项自到期日至付款日的利息。

6.2 除非另有约定，利率应比付款地支付货币现行的对信誉良好借款者计收的银行平均短期贷款利率高 2%。若在该地没有这样一个利率，则以付款货币国的同一利率为准。如果两地都没有这样的利率，则应以付款货币国法律所确定的适当利率为准。

第 7 条　所有权的保留

若双方已经有效地同意保留所有权，则在付款完毕前，货物所有权仍属卖方。或按其他约定。

第 8 条　合同交货术语

除非另有约定，应以"工厂交货"（EXW）为交货术语。

第 9 条　单据

除非另有约定，卖方应提供适用的国际商会贸易术语所指明的单据（如果有的话）；若无国际商会贸易术语可适用，刚按先前交易做法办理。

第 10 条　迟延交货、不交货及其相应的救济措施

10.1 如果发生任何货物的迟延交付，则买方有权要求预定损害赔偿。每迟延一整周，其金额为该些货物价款的 0.5%，或约定其他比率，但以买方通知卖方交货迟延为前提。

买方在约定的交货日期后15天内照此通知卖方，则损害赔偿金应从约定的交货日或约定的交货期间的最后一天起草，如果买方在约定的交货日期后超过15天才通知卖方，则损害赔偿金应从通知日起算。延迟交货的预定损害赔偿金不应超过迟交货物价款的5%，或其他可能约定的最高数额。

10.2 如果双方在A-9表内约有一个解约日期，对于至解约日尚未交付的货物，不论由于何种原因（包括不可抗力事件），买方可通知卖方解除合同。

10.3 若第10.2不适用，且在买方有权取得第10.1条规定的预定最高损害赔偿金额时，卖方仍示交货，则买方可书面通知对迟延交付之部分的货物终止合同，但以卖方在收到该通知后5天内仍未交货为前提条件。

10.4 在按第10.2条或第10.3条终止合同的情况下，除了在第10.1条下已付的或可付的任何金额外，买方还有权请求不超过未交货物价款10%的额外损失赔偿。

10.5 本条的救济措施不包括对延迟交货或不交货的任何其他救济措施。

第11条 货物不符

11.1 买方在货到目的地后应尽快验货，当在其发现或应当发现货物不符之日起15天内将不符之处书面通知卖方。

另外，如果买方在货到目的地之日起12个月内未通知卖方货物不符，则他无论如何不能因货物不符请求任何救济。

11.2 尽管存在特定的贸易或双方的交易过程中常见的轻微不符，货物仍被认为是符合合同规定的，但买方有权通知卖方货物不符，要求特定贸易中或双方交易做法中通常的价格减让。

11.3 如果货物不符（只要买方已经第11.2条通知了货物的不符，但未在该通知中决定留存这些不符货物），卖方可选择：

（a）在不给买方增加额外费用的情况下，用符合合同的货物替代不符货物；

（b）在不给买方增加额外费用的情况下，修复不符货物；

（c）偿还买方不答货物支付的价款，并因此终止这些货物的合同

对按照以上第11.1条通知货物不符之日起至按第11.3（a）条提供替代品或按第11.3（b）条修复货物之间的延迟期，每延迟一周，买方有权请求第10.1条所规定的预定损害赔偿金额；这些赔偿金额可与第10.1条下应支付损害赔偿金额（如果有的话）合并计算，但在任何情况下，总计不得超过这些货物价款的5%。

11.4 如果直到买方根据第11.3条已有权获得最高预定损害赔偿金额之日，卖方

仍未履行其在第11.3条下的义务，买方有权书面通知终止不符货物那部分合同，除非卖方在收到此通知5天内进行修复或提供替代货物。

11.5 如果按第11.3（c）条或第11.4条规定终止合同，那么，除了按第11.3条作为返还价款和延迟损害赔偿所支付或应支付的数额外。买方可请求不超过不符货物价款10%的任何额外损害赔偿。

11.6 若买方选择保留不符货物，则买方有权取得等于符合合同时此货物在约定目的地的价值与所交不符货物在同一地点的价值的差额，但最多不应超过该货物价款的15%。

11.7 除非另有书面约定，本条（第11条）项下的救济方法不包括货物不符的任何其他救济方法。

11.8 除非另有书面协议，在货物到达之日起2年后，买方不得因货物不符向法院提起诉讼或向仲裁庭申请仲裁。双方明确约定在此期限届满之后，买方将不可以货物不符为由或作出反诉以对抗卖方因买方不履行本合同而提出的任何诉讼。

第12条 当事人间的合作

12.1 买方应及时将其客户或第三者就所交付的货物或与货物有关的知识产权向其提出的任何权利请求，通知卖方。

12.2 卖方应及时将可能涉及买方的有关产品责任的任何诉讼，通知买方。

第13条 不可抗力

13.1 一方当事人对其未履行义务可不负责任，如果他能证明：

（a）不能履行义务是由非他所能控制的障碍所致；

（b）在订立合同时，不能合理预见到他已把这一障碍及其对其他履约的能力产生影响考虑在内；

（c）他不能合理地避免或克服该障碍或其影响。

13.2 请求免责的一方当事人，在他知道了此项障碍及其对他履约能力的影响之后，应以实际可能的速度尽快通知另一方当事人此项障碍及其对他履约能力的影响。当免责的原因消除时也应发出通知。

如果未能发出任一通知，则该当事人应承担其原可避免的损失赔偿责任。

13.3 在不影响第10.2条效力的前提下，本款下的免责理由，只要且仅在此限度内该免责事由继续存在，可使未履约方得以免除损害赔偿之责任，免除处罚及其他约定的罚金，免除所欠款项利息支付之责任。

13.4 若免费的原因持续存在 6 个月以上，任何一方均有权不经过通知对方即可终止合同。

第 14 条　争议的解决

14.1 除非另有书面协议，有关本合同的任何争议最终应按照国际商会的仲裁规则所指定的一个或多个仲裁员，根据此规则进行仲裁。

14.2 以上的仲裁条款并不妨碍任何一方要求法院采取临时或保全措施。

13.7　参考文献

韩光军. 进出口贸易标准单证及合同范本 [M]. 北京：首都经济贸易大学出版社，2009.

附 录

附录1　中华人民共和国外商投资法

（2019年3月15日第十三届全国人民代表大会第二次会议通过）

第一章　总　则

第一条　为了进一步扩大对外开放，积极促进外商投资，保护外商投资合法权益，规范外商投资管理，推动形成全面开放新格局，促进社会主义市场经济健康发展，根据宪法，制定本法。

第二条　在中华人民共和国境内（以下简称中国境内）的外商投资，适用本法。

本法所称外商投资，是指外国的自然人、企业或者其他组织（以下称外国投资者）直接或者间接在中国境内进行的投资活动，包括下列情形：

（一）外国投资者单独或者与其他投资者共同在中国境内设立外商投资企业；

（二）外国投资者取得中国境内企业的股份、股权、财产份额或者其他类似权益；

（三）外国投资者单独或者与其他投资者共同在中国境内投资新建项目；

（四）法律、行政法规或者国务院规定的其他方式的投资。

本法所称外商投资企业，是指全部或者部分由外国投资者投资，依照中国法律在中国境内经登记注册设立的企业。

第三条　国家坚持对外开放的基本国策，鼓励外国投资者依法在中国境内投资。

国家实行高水平投资自由化便利化政策，建立和完善外商投资促进机制，营造稳定、透明、可预期和公平竞争的市场环境。

第四条　国家对外商投资实行准入前国民待遇加负面清单管理制度。

前款所称准入前国民待遇，是指在投资准入阶段给予外国投资者及其投资不低于本国投资者及其投资的待遇；所称负面清单，是指国家规定在特定领域对外商投资实施的准入特别管理措施。国家对负面清单之外的外商投资，给予国民待遇。

负面清单由国务院发布或者批准发布。

中华人民共和国缔结或者参加的国际条约、协定对外国投资者准入待遇有更优惠规定的，可以按照相关规定执行。

第五条　国家依法保护外国投资者在中国境内的投资、收益和其他合法权益。

第六条　在中国境内进行投资活动的外国投资者、外商投资企业，应当遵守中国法律法规，不得危害中国国家安全、损害社会公共利益。

第七条　国务院商务主管部门、投资主管部门按照职责分工，开展外商投资促进、保护和管理工作；国务院其他有关部门在各自职责范围内，负责外商投资促进、保护和管理的相关工作。

县级以上地方人民政府有关部门依照法律法规和本级人民政府确定的职责分工，开展外商投资促进、保护和管理工作。

第八条　外商投资企业职工依法建立工会组织，开展工会活动，维护职工的合法权益。外商投资企业应当为本企业工会提供必要的活动条件。

第二章　投资促进

第九条　外商投资企业依法平等适用国家支持企业发展的各项政策。

第十条　制定与外商投资有关的法律、法规、规章，应当采取适当方式征求外商投资企业的意见和建议。

与外商投资有关的规范性文件、裁判文书等，应当依法及时公布。

第十一条　国家建立健全外商投资服务体系，为外国投资者和外商投资企业提供法律法规、政策措施、投资项目信息等方面的咨询和服务。

第十二条　国家与其他国家和地区、国际组织建立多边、双边投资促进合作机制，加强投资领域的国际交流与合作。

第十三条　国家根据需要，设立特殊经济区域，或者在部分地区实行外商投资试验性政策措施，促进外商投资，扩大对外开放。

第十四条　国家根据国民经济和社会发展需要，鼓励和引导外国投资者在特定行业、领域、地区投资。外国投资者、外商投资企业可以依照法律、行政法规或者国务院的规定享受优惠待遇。

第十五条　国家保障外商投资企业依法平等参与标准制定工作，强化标准制定的信息公开和社会监督。

国家制定的强制性标准平等适用于外商投资企业。

第十六条　国家保障外商投资企业依法通过公平竞争参与政府采购活动。政府采购依法对外商投资企业在中国境内生产的产品、提供的服务平等对待。

第十七条　外商投资企业可以依法通过公开发行股票、公司债券等证券和其他方式进行融资。

第十八条　县级以上地方人民政府可以根据法律、行政法规、地方性法规的规定，在法定权限内制定外商投资促进和便利化政策措施。

第十九条　各级人民政府及其有关部门应当按照便利、高效、透明的原则，简化办事程序，提高办事效率，优化政务服务，进一步提高外商投资服务水平。

有关主管部门应当编制和公布外商投资指引，为外国投资者和外商投资企业提供服务和便利。

第三章　投资保护

第二十条　国家对外国投资者的投资不实行征收。

在特殊情况下，国家为了公共利益的需要，可以依照法律规定对外国投资者的投资实行征收或者征用。征收、征用应当依照法定程序进行，并及时给予公平、合理的补偿。

第二十一条　外国投资者在中国境内的出资、利润、资本收益、资产处置所得、知识产权许可使用费、依法获得的补偿或者赔偿、清算所得等，可以依法以人民币或者外汇自由汇入、汇出。

第二十二条　国家保护外国投资者和外商投资企业的知识产权，保护知识产权权利人和相关权利人的合法权益；对知识产权侵权行为，严格依法追究法律责任。

国家鼓励在外商投资过程中基于自愿原则和商业规则开展技术合作。技术合作的条件由投资各方遵循公平原则平等协商确定。行政机关及其工作人员不得利用行政手段强制转让技术。

第二十三条　行政机关及其工作人员对于履行职责过程中知悉的外国投资者、外商投资企业的商业秘密，应当依法予以保密，不得泄露或者非法向他人提供。

第二十四条　各级人民政府及其有关部门制定涉及外商投资的规范性文件，应当符合法律法规的规定；没有法律、行政法规依据的，不得减损外商投资企业的合法权益或者增加其义务，不得设置市场准入和退出条件，不得干预外商投资企业的正常生产经营活动。

第二十五条　地方各级人民政府及其有关部门应当履行向外国投资者、外商投资企业依法作出的政策承诺以及依法订立的各类合同。

因国家利益、社会公共利益需要改变政策承诺、合同约定的，应当依照法定权限和程序进行，并依法对外国投资者、外商投资企业因此受到的损失予以补偿。

第二十六条 国家建立外商投资企业投诉工作机制，及时处理外商投资企业或者其投资者反映的问题，协调完善相关政策措施。

外商投资企业或者其投资者认为行政机关及其工作人员的行政行为侵犯其合法权益的，可以通过外商投资企业投诉工作机制申请协调解决。

外商投资企业或者其投资者认为行政机关及其工作人员的行政行为侵犯其合法权益的，除依照前款规定通过外商投资企业投诉工作机制申请协调解决外，还可以依法申请行政复议、提起行政诉讼。

第二十七条 外商投资企业可以依法成立和自愿参加商会、协会。商会、协会依照法律法规和章程的规定开展相关活动，维护会员的合法权益。

第四章 投资管理

第二十八条 外商投资准入负面清单规定禁止投资的领域，外国投资者不得投资。

外商投资准入负面清单规定限制投资的领域，外国投资者进行投资应当符合负面清单规定的条件。

外商投资准入负面清单以外的领域，按照内外资一致的原则实施管理。

第二十九条 外商投资需要办理投资项目核准、备案的，按照国家有关规定执行。

第三十条 外国投资者在依法需要取得许可的行业、领域进行投资的，应当依法办理相关许可手续。

有关主管部门应当按照与内资一致的条件和程序，审核外国投资者的许可申请，法律、行政法规另有规定的除外。

第三十一条 外商投资企业的组织形式、组织机构及其活动准则，适用《中华人民共和国公司法》、《中华人民共和国合伙企业法》等法律的规定。

第三十二条 外商投资企业开展生产经营活动，应当遵守法律、行政法规有关劳动保护、社会保险的规定，依照法律、行政法规和国家有关规定办理税收、会计、外汇等事宜，并接受相关主管部门依法实施的监督检查。

第三十三条 外国投资者并购中国境内企业或者以其他方式参与经营者集中的，应当依照《中华人民共和国反垄断法》的规定接受经营者集中审查。

第三十四条 国家建立外商投资信息报告制度。外国投资者或者外商投资企业应当通过企业登记系统以及企业信用信息公示系统向商务主管部门报送投资信息。

外商投资信息报告的内容和范围按照确有必要的原则确定；通过部门信息共享能够获得的投资信息，不得再行要求报送。

第三十五条 国家建立外商投资安全审查制度，对影响或者可能影响国家安全的外商投资进行安全审查。

依法作出的安全审查决定为最终决定。

第五章 法律责任

第三十六条 外国投资者投资外商投资准入负面清单规定禁止投资的领域的，由有关主管部门责令停止投资活动，限期处分股份、资产或者采取其他必要措施，恢复到实施投资前的状态；有违法所得的，没收违法所得。

外国投资者的投资活动违反外商投资准入负面清单规定的限制性准入特别管理措施的，由有关主管部门责令限期改正，采取必要措施满足准入特别管理措施的要求；逾期不改正的，依照前款规定处理。

外国投资者的投资活动违反外商投资准入负面清单规定的，除依照前两款规定处理外，还应当依法承担相应的法律责任。

第三十七条 外国投资者、外商投资企业违反本法规定，未按照外商投资信息报告制度的要求报送投资信息的，由商务主管部门责令限期改正；逾期不改正的，处十万元以上五十万元以下的罚款。

第三十八条 对外国投资者、外商投资企业违反法律、法规的行为，由有关部门依法查处，并按照国家有关规定纳入信用信息系统。

第三十九条 行政机关工作人员在外商投资促进、保护和管理工作中滥用职权、玩忽职守、徇私舞弊的，或者泄露、非法向他人提供履行职责过程中知悉的商业秘密的，依法给予处分；构成犯罪的，依法追究刑事责任。

第六章 附 则

第四十条 任何国家或者地区在投资方面对中华人民共和国采取歧视性的禁止、限制或者其他类似措施的，中华人民共和国可以根据实际情况对该国家或者该地区采取相应的措施。

第四十一条 对外国投资者在中国境内投资银行业、证券业、保险业等金融行业，或者在证券市场、外汇市场等金融市场进行投资的管理,国家另有规定的,依照其规定。

第四十二条 本法自 2020 年 1 月 1 日起施行。《中华人民共和国中外合资经营企业法》、《中华人民共和国外资企业法》、《中华人民共和国中外合作经营企业法》同时废止。

本法施行前依照《中华人民共和国中外合资经营企业法》、《中华人民共和国外资企业法》、《中华人民共和国中外合作经营企业法》设立的外商投资企业,在本法施行后五年内可以继续保留原企业组织形式等。具体实施办法由国务院规定。

附录2　国家工商行政管理局关于中外合资经营企业注册资本与投资总额比例的暂行规定

（1987年3月1日国家工商行政管理局公布　工商企字〔1987〕第38号）

第一条　根据《中华人民共和国中外合资经营企业法》及《中华人民共和国中外合资经营企业法实施条例》，为了明确中外合资经营企业注册资本与投资总额的比例，特制定本规定。

第二条　中外合资经营企业的注册资本，应当与生产经营的规模、范围相适应。合营各方按注册资本的比例分享利润和分担风险及亏损。

第三条　中外合资经营企业的注册资本与投资总额的比例，应当遵守如下规定：

（一）中外合资经营企业的投资总额在300万美元以下（含300万美元）的，其注册资本至少应占投资总额的7/10。

（二）中外合资经营企业的投资总额在300万美元以上至1000万美元（含1000万美元）的，其注册资本至少应占投资总额的1/2，其中投资总额在420万美元以下的，注册资本不得低于210万美元。

（三）中外合资经营企业的投资总额在1000万美元以上至3000万美元（含3000万美元）的，其注册资本至少应占投资总额的2/5，其中投资总额在1250万美元以下的，注册资本不得低于500万美元。

（四）中外合资经营企业的投资总额在3000万美元以上的，其注册资本至少应占投资总额的1/3，其中投资总额在3600万美元以下的，注册资本不得低于1200万美元。

第四条　中外合资经营企业如遇特殊情况，不能执行上述规定，由对外经济贸易部会同国家工商行政管理局批准。

第五条 中外合资经营企业增加投资的，其追加的注册资本与增加的投资额的比例，应按本规定执行。

第六条 中外合作经营企业、外资企业的注册资本与投资总额比例，参照本规定执行。

第七条 香港、澳门及台湾的公司、企业和其他经济组织或者个人投资举办的企业，其注册资本与投资总额的比例适用本规定。

第八条 本规定自公布之日起执行。

附录3 埃及法律、法规及相关注意事项

一、与投资合作相关的主要法律

埃及政府于1981年颁布的159号法《公司法》（Companies Law No.159 of 1981）及其实施细则、1997年颁布的8号法《投资保护鼓励法》（Investment Guarantees and Incentives Law No.8 of 1997）及其实施细则、2002年颁布的83号法《经济特区法》（Special Economic Zones Law No.83 of 2002）及其实施细则是目前埃及主要的投资管理法律。

《公司法》适用于所有投资；《投资保护鼓励法》适用于特定行业和部门的国内外投资，鼓励境内外对埃及进行投资；《经济特区法》允许建立出口导向型的经济特区，开展工业、农业和其他服务活动。

二、中国企业投资合作风险规范

在埃及开展投资、贸易、承包工程和劳务合作的过程中，要特别注意事前调查、分析、评估相关风险，事中做好风险规避和管理工作，切实保障自身利益。包括对项目或贸易客户及相关方的资信调查和评估，对项目所在地的政治风险和商业风险分析和规避，对项目本身实施的可行性分析等。企业应积极利用保险、担保、银行等保险金融机构和其他专业风险管理机构的相关业务保障自身利益。包括贸易、投资、承包工程和劳务类信用保险、财产保险、人身安全保险等，银行的保理业务和福费廷业务，各类担保业务（政府担保、商业担保、保函）等。

建议企业在埃及开展对外投资合作过程中使用中国政策性保险机构——中国出口信用保险公司提供的包括政治风险、商业风险在内的信用风险保障产品；也可使用中国进出口银行等政策性银行提供的商业担保服务。

如果在没有有效风险规避情况下发生了风险损失，也要根据损失情况尽快通过自身或相关手段追偿损失。通过信用保险机构承保的业务，则由信用保险机构定损核赔、补偿风险损失，相关机构协助信用保险机构追偿。

随着全球金融危机加深，建议中国企业增强金融风险防范意识，尤其是一些生

产型企业，尽量及时收回货款。注意生产安全、人身和财产安全。

三、中国企业在埃及开展承包工程业务须知

（一）中国企业在埃承包工程应注意的问题

1. 在土建方面，只有在当地注册的公司方有资质参与，故土建工作，承包商需选择当地分包商。

2. 埃及方面规定雇用一名在埃工作的外国雇员需同时雇用10名当地员工，这对于以人工成本低廉为优势的中国公司来说非常不利，故大多工程公司的做法是，中国雇员在埃及工作期间，办理商务签证。

3. 埃及的环保法要求相对较高，对从中国进口的机电设备提出较高的要求。

4. 埃及土建力量较强，阿拉伯承包商、ORASCOM等均为在地区具有较大影响的工程建筑商，但中小施工企业的能力较弱，返工率高，故在签订土建分包合同时需严格规定工期和惩罚条款，但仍需做好拖期的心理准备。

5. 伊斯兰国家在宗教方面有很多独特的要求和时间安排，比如每天的祈祷和每年的斋月。承包商需要尊重当地的宗教习俗，做好特殊的安排。

6. 在选择当地分包商时，埃方大多要求用当地货币向承包商进行支付，所以，承包商需认真考虑收到当地货币后如何使用的问题。

7. 很多业主会要求承包商在当地成立分公司，以便减少业主在外汇支付给国外账户时所缴的税款，在当地注册公司会带来一系列的问题，涉及业务范围、分公司银行开户、政府部门审批（如投资部）、社保账户建立和支付、财会问题等等。建议如有此需要，一定要聘请熟悉当地情况的知名会计师协助办理。

（二）公共项目招投标程序简介

埃及现行的1998第89号法案是规范埃及各类公共项目招投标的法律依据。该法案是埃及1983第9号招投标法的修正案，以规范外国公司参与公共项目的招投标。该项法案要求政府授标时要综合考虑标价和最佳效益，并对落标者说明原因。颁布并实施也是埃及努力在国际上和世贸组织内扮演积极角色的一个步骤。

较之效率低下的1983年第9号法案，1998年89号在以下几个方面有明显的进步。

1. 开标后不再议价，不得再转入"momarsa"程序。

2. 不得无据取消投标排序；判定是否中标必须理由充分。

3. 投标保函依据标书规定的期限即时退还。

新投标法未改变旧法的一些特征：

1. 须提前至少 30 天在公共出版物上发布招标信息。

2. 埃及投标者享有 15% 的价格优惠。

3. 判标分两个阶段：A. 招标委员会召集所有报价商公布所有报价；B. 判标委员会再根据技术标审议结果作出决定；对金额超过 62000 美元的项目，该委员会负责向主管部长提出决策建议。

4. 投标保函一般为 1%～2%，一般为 2%；中标公司的履约保函一般为 5%。如果独立承担项目且不要求预付款，埃及国有企业和本国企业无须开具保函。

5. 不论是直接或间接、个人行为还是通过第三者，有欺诈、贿赂等行为的；或者签约方破产的，即宣告合同失效，并没收履约保函。项目交由其他有能力的投标商执行。

6. 特殊情况下，允许供货独家代理或垄断进口，特别是专业和急需的产品等。

7. 提供担保的前提下，可申请预付款。埃及认可国际上有影响的各大金融机构的远期信用证。

该项法案依然保留了一些限制性条款，诸如本地公司的标价不高于外国公司最低标价的 15% 时拥有优先权。只有在本地有注册代理商的公司才能参与政府项目的投标等。对招标委员会的评议标、定标和公布中标决定没有时间限制。

投标法对直接采购的最高限度是 50000 埃镑（14700 美元），而且明确规定除非标书中有明确条款否则不得转入议标程序。根据最新的 2000 年第 2 号总理令，公共项目招标必须按同一程序昭示于众用并简要说明有关条款，以代替被称作"Momarsa"的做法。

投标法规定符合标书各项条款和在技术和融资等方面条件优越者可被授标，而这之前政府项目一般都是最低价者中标，忽视质量。许多公司在严格按照要求作标的同时也会提交一份可供选择的更经济的报价。

9 号法案曾要求外国投标商必须通过埃及代理商参加公共项目的投标，而军事项目禁止商业代理行为介入，但军方的基建工程，本地的"咨询"公司可以沟通军方和投标者。这就意味着招标文件一般只能通过商业代理从政府注册机构购买。

（三）埃及招投标项目特别做法

埃及国有企业招标通常会例行公事地要求资本担保的信用条款。对金额 62000 美元以上项目的支付办法，一般采取合同签订后预付 10%，依据货运提单再付 10%，其余部分将会在以后的 2～5 年内每半年支付一次。

标书一般都是由政府部门编制的,对于政府方面的责、权、利极尽详细之能事,而对于乙方签约商却涉及极少。从商业安全角度讲,承包人或供货商在正式签署合同前一定要谈判妥当,特别是对于被动的"最终接受"等条款,以降低合同的扯皮、分歧争吵等风险。另外,由于投标法未明确规定标书应由何人规范,咨询公司可否承担这项工作,所以编制的标书中常常叙述不清或对具体要求少有提及,经常会造成翻译歧义或误解标书的意图,即使你尽量尝试与对方接触和沟通,以减少疑惑,但依然不能期望值太高,精心准备的标案也常会失败。

投标法在具体执行中的主要问题是对判标委员会的研标、判标和公布中标的日期没有明确限制。另外,如果投标商在开标前撤标,其投标保函就会被没收,投标商在诸如项目资金被抽走等各式各样的延迟开标的借口下,如同被拘为人质,而保函一再展期的费用也让其叫苦不迭。中标公司在项目开始前或完成前退出,则履约保函同样会被没收。

政府业主通常会推迟对项目或供货的验收,对最终验收后的付款期限也无明确限制,这使得签约商无法按时得到项目款或货款,也无法及时撤销履约保函。

签约商完成项目后未及时验收造成的开支业主均不予承担。而签约商对在执行项目有新的要求,一切涉及的经费都必须经特设的"价格研究委员会"通过,有时竟需费时一年,当然,这时签约商仍会被要求按时、无条件地执行修改后的合同。

因为付款被拖延而造成项目拖期是不允许的。也不允许根据项目的完成进度减少履约保函额度。对于以信用证方式开具履约保函的,比较明智的做法是按不同项分割开列,可避免因某一条款的纠纷带来的整体风险。

招标法不允许招、投标双方开标后再议价,除非在发标时已明确声明。维修和售后技术服务是评标时重要的考虑因素,如果标书要求有完善的技术和维修服务,则最低标价者肯定会得到该项目。

四、纠纷仲裁

由于投标法没有涉及纠纷解决问题,所以签约前务必要落实有关争端解决的条款。埃及人乐于采用法律程序进行调解,受损一方不接受调解结果可向埃及法庭提出申诉。如果没有明确提到争端解决办法,则合同双方未来可能出现的一切纠纷都将由政府的法律事务委员会裁决。如果政府是合同一方,则所有有关法律、职能和管理部门组成的民法法庭处理该案,投标法规定,如果政府方对调停结果不满意,则另一方不能依据调解文件向政府部门提出诸如关税、社会保险等索赔要求（1994年出台的第 27 号争端解决法对国营和私营企业间的商业合同纠纷规定可通过一个双方都认可的自然人或机构调解。而在此之前，所有与国有企业之间的纠纷调解均须经过法律事务委员会，有时会拖延数年）。

（一）代理制度

外国公司参与埃及民用项目的投标必须有埃及代理商合作。尽管军队的基础建设项目允许埃及企业参与咨询，但代理商制度不适用于军事项目。石油公司、私营企业和美援项目的招标对执行代理商制度要求比较随意。

投标报价中一般包括了投标代理费。如果投标商降低了标价，代理商普遍会从降低的价格部分得到提成。对于政府项目，在编制标书时要列明代理费用，政府有权削减过高的代理费。

受官方青睐的外国公司经常会得到一些即将实施项目的投标信息，而在评标委员会内部，类似技术代表等负责人士，对最后决定有很重要的作用。

（二）"momarsa"（意为：议价，讨价还价）

不论是政府项目还是私人项目，"momarsa"的做法非常流行，因为这使得埃及政府官员显得非常努力地为国家做着最有利的交易，也可以为关系户中标节约开支。

但是从公司的商业角度而言，"momarsa"存在着潜在的不平等，没有明确的规则和程序，也不符合投标法关于与最低报价者协商的要求，在各有关利益团体的呼吁和压力下，埃及 1998 年 6 月 9 日实施的第 8 号法令已禁止在投标过程中采用 Momarsa。

五、税收情况

（一）埃及的税收体系和制度

埃及的主要税种有工资税、收入代扣税、个人收入统一税、公司利润税、房地产税、海关税、销售税、印花税、开发税等。公司利润的标准税率是 40%，工业企业和出口企业的利润税率为 32%，非国有石油开采和生产公司的利润税率为 40.55%。公司年利润超过 1.8 万埃镑需缴纳国家资源开发税 2%。制成品、为他人经营或加工、部分中间服务、部分旅游服务需纳销售税。销售税类似增值税，主要征收对象是进口或当地生产的制成品。年销售额超过 5.4 万埃镑的生产厂商和所有的进口商、经销商均需向税务局注册纳税。销售税的标准税率是 10%。商品纳销售税时，原材料已缴的销售税和商品在流通过程中已缴的销售税可扣除。出口商品退税。

财政部下属的4个独立的税务局分别负责所得税、销售税、海关关税和房地产税的管理。纳税人需在经营活动开始4个月内到税务部门注册,在活动结束一个月内通知税务部门。税务局为纳税人颁发纳税卡,内容包括纳税人姓名、地址、身份证号码、公司地址、法律形式、公司名称、纳税人经营活动、应纳税种、注册的地区税务办公室、税号、提交年报的日期等。投资者凭投资局颁发的证明文件享受税收优惠政策。公司须每年按期进行纳税申报并缴纳税款,税务局负责对纳税申报表进行审核。

(二)企业在埃及报税的相关手续

1. 报税时间。

埃及商标注册都在埃及贸工部商标局。需提交的文件:公司申请、申请注册的商标图案。

埃及报税时间一般为每月月初的第一个星期。

2. 报税渠道。

企业可自行到税务部门报税,也可委托会计师事务所报税。

3. 报税手续。

只需向埃及税务部门提供月销售额和销售数量即可。

4. 报税资料。

企业销售收入和销售数量情况表。

(三)根据埃及《投资法》可以享受的减免税政策

根据8号《投资法》建立的项目可以享受的减免税政策有:

1. 公司利润和合伙人的股份,在开始生产或经营的第一个财政年度后的5年期内,免除公司利润税。

2. 在新工业区、新城区和总理令确定的边远地区建立的公司和企业,免税期为10年。社会发展基金资助的项目免税期为10年。

3. 在老河谷区以外经营的公司和企业的利润及其合伙人的股份,无论是建于老河谷区外还是从老河谷区迁移出来的公司,免税期为20年。

4. 自商业注册之日起3年内,免除公司和企业组建合同和章程、借贷和抵押合同的印花税、公证费和注册费。组建公司和企业所需的土地注册合同也免除上述税费。

5. 上市股份公司已付资金的一定比例(该比例由该财政年度中央银行贷款和贴

现利率决定）免除公司利润税。

6. 公开上市并在证券交易所登记的股份公司发售债券、股票和其他类似证券，免收动产所得税。

7. 公司和企业进口项目建立所需的机械、设备和仪器征收 5% 的统一关税，但需投资局批准。

8. 公司合并、分立或变更法律形式，免除由合并、分立或变更法律形式所得利润的应缴税费。

9. 股份公司、合股公司和有限责任公司的实物股份增值或增加投入，根据情况，免除公司利润税。

10. 2000 年 8 月的 1721 号总理命令对《投资法》进行了修订，规定项目扩建可以享受免税待遇，条件是必须增加投资或固定资产，并导致了产品和服务的增加，项目性质与原项目相同或为原项目的配套补充。扩建部分产生的利润从投产之日起 5 年内免收所得税。扩建涉及的贷款和抵押及有关单据自扩建注册之日起 3 年免收印花税和公证费。扩建所需机器设备进口统一征 5% 的关税。

11. 除客车外，自由区内项目进口经批准的经营活动所需的一切物资、设备、机械和运输工具，免除海关关税、销售税和其他税务。经批准可将自由区项目所有或第三方所有的当地或外国货物、材料、零部件和原料，从内地临时运至自由区进行修理或加工后再返回内地，但需根据《海关法》的有关规定对增值或修理部分征收关税。

12. 从自由区销售至国内市场与从国外进口相同，须缴纳关税。从自由区项目进口的产品，如同时含有国产成分和外国成分，关税以产品从自由区运至内地市场时外国成分的价格为基础计算，但外国成分应缴关税不得超过从国外进口成品的应缴关税。产品中的外国成分，指进口的外国零部件和原材料，自由区内的加工成本不计在内。自由区内生产的产品在计算运费时，将自由区视为原产地。

13. 埃及现行税法的规定，不适用于建立在自由区的项目。仓储项目的货物进入自由区时只需缴纳货值 1% 的税，工业加工项目的货物运出自由区时需缴纳产品增值部分的 1% 的税。目的国确定的转口货物免收此税。主要经营活动不涉及货物进出的项目，按年收入的 1% 纳税。此外，自由区还征收投资额的 0.5‰ 的服务费。

14. 外国专家在埃工作时间少于 1 年，工资免收所得税。

（四）埃及的主要税赋和税率

埃及税收制度健全，主要税种包括个人所得税、公司利润税、房地产税、开发税、关税、销售税、印花税和社会保险费等。

1. 个人所得税。

埃及境内个人的所有收入都应记入应税收入。个人所得税税率为：5000埃镑以内免税；

5001～20000埃镑税率10%；20001～40000埃镑税率15%；40000埃镑以上税率为20%。

2. 公司利润税。

公司利润税的征税对象是埃及境内的常驻法人单位以及非常驻单位在埃及境内的分支机构、车间、工厂或其他单位。企业一律适用20%的利润税率，但苏伊士运河管理局、石油总局、中央银行按照40%纳税；石油、天然气勘探、开采、加工企业按照40.55%纳税。

3. 房地产税。

2006年4月，埃及颁布了新的土地税法规，将土地税从14%降到10%。

4. 开发税。

埃及开发税征税对象包括：雇员工资；埃及公司董事酬金；工商活动收入；非商业职业收入。个人上述收入超过1.8万埃镑的按2%纳税。雇员工资按月纳税，其他可与收入统一税同时缴纳。

5. 关税。

目前埃及的平均关税税率为38.6%，商品的加权平均关税为8.9%，平均实际关税税率为20.0%。为了促进贸易的自由化，埃及对其关税制度进行了进一步的调整。根据埃及于2004年发布的第300号及第410号总统令，将商品的加权平均关税从14.6%降低到8.9%。商品的从价关税税率从27%降低到6%。

6. 印花税。

埃及将印花税分为两类：一类是合同、发票等文件和票据；另一类是金融交易和证券。一般情况下，借款8%，信贷1%，广告36%，保险费3%～20%，政府采购、支付服务费和承包工程费2.4%，银行业务0.0012%～0.01%，股票交易0.008%～0.012%。2006年9月，埃及财政部开始实施新颁布的印花税执行规定。新规定取消了部分印花税项目，降低了部分印花税税率，以鼓励储蓄和投资，减轻企业税负。

7. 社会保险费。

雇员的养老、伤残、死亡、失业和医疗保险由雇主和雇员共同负担，雇主从雇员工资中代扣社会保险，和雇员的份额一起按月上缴社会保障局。雇员工资和酬金分为两部分，基本工资应保的最高金额为每月 525 埃镑，保险费率为 40%，雇主负担 26%，雇员 14%。基本工资超过 525 埃镑的部分及加班费奖金、代表补贴等酬金最高应保金额为每月 500 埃镑，保险费率为 35%，雇主 24%，雇员 11%。

六、劳工

（一）埃及劳动法的核心内容
1981 年 137 号《劳动法》的有关规定如下：
1. 工作许可证。
除工作期限少于 6 个月的短期工外，所有埃及工人必须取得工作许可证，在外国公司和代表处工作的埃及人必须获得内政部的批准。在埃及工作的外国人必须从劳动部获得批准，许可一般为期 10 个月，可以延期。
2. 劳动合同。
雇佣合同必须一式三份，用阿拉伯语书写，雇主、雇员和社会保障办公室各持一份。如果是试用，必须注明试用期，试用期不得超过 3 个月。
3. 工作时间。
工作时间每天不得超过 8 小时，每星期不得超过 48 小时，特殊情况可以增加到每天 9 小时。每星期必须休息 24 小时以上。如因特殊情况需加班，必须得到补偿。
4. 带薪休假。
工作满 1 年可享受带薪假期 21 天，连续工作 10 年以上可享受带薪假期 1 个月。雇员病假可享受最多半年 75% 的正常工资。
5. 保险和加薪。
私营公司必须为雇员投医疗保险和养老保险，公司利润的 10% 应分给工人，工资年增长 7%。
6. 解雇工人。
除非严重失职（包括罢工、工作表现极差、长期旷工、故意损坏财产等），雇主不得解雇雇员。在解雇前，案件必须提交劳动部协调委员会进行听证协调。协调不具有强制性，双方可上告法院。法院的判决一般要求解雇前 30 天通知雇员，或给予 1 个月工资补偿。

7. 社保基金。

雇员社会保险由雇主和雇员共同负担，雇员工资和酬金分为两部分，基本工资应保最高金额为每月525埃镑，保险费率为40%，雇主负担26%，雇员14%。基本工资超过525埃镑的部分及加班费、奖金、补贴等最高应保金额为每月500埃镑，保险费率为35%，雇主24%，雇员11%。

埃及工资水平不高，工人生产效率较低，缺乏熟练和半熟练工人和管理人员，培训消耗成本过多。同时埃及《劳动法》是世界上最严格的法规之一，《劳动法》保障工人的终生工作岗位，造成缺乏竞争，劳动积极性不高。

（二）工作准证的办理

1. 主管部门。

外国人赴埃及工作的政府主管部门为埃劳动部移民局、内政部和埃及投资部投资与自由区总局，外国人在埃及工作必须获得工作许可。

2. 工作许可制度。

埃及工作许可一些重要规定如下：

（1）办理一个外国人工作签证必须要解决10个埃及人就业。如有特殊情况，事先向劳动部长申请。

（2）例外处理包括：代表处、外国公司的分支机构经理、雇主及其家属、小企业（员工不足5人或家族式企业）、根据埃及为一方的国际公约和协定在埃及从事国家项目的外国人员。

（3）与埃及人不竞争原则：不提供资历证明；不受3年期限限制；可以超出10%比例。

（4）获得准许工作的许可后60天内必须办理工作签证，否则作废。

（5）工作签证有效期1年，一定在期满前1个月办理续签，否则超期14天作废。

（6）结束在埃及的工作后，一定将工作签证交还工作签证办公室，才能消除工作名额。

（7）技术人员、专家人员要在续签签证时提供埃及助手情况的报告。

（8）更换工作岗位时，要办理工作签证的变更。

（9）签证申请被拒绝，应在1个月内到劳动部外国人工作签证局提出申诉。针对拒签的原因提出理由，必要时提供证明材料。申诉应一次成功。如果第二次拒签，最好就准备回国，再重新准许前来埃及工作的许可，不要第二次申诉。

3. 工作签证申请程序。

（1）企业打算使用国内人员时，在人员未来埃及之前，先到埃及有关部门办理同意前来埃及工作的许可。

（2）提出申请，报投资部投资与自由区总局投资服务中心。随申请提供：申请者的护照复印件；申请者的资历证明（要到埃及驻中国使馆办理认证手续）；企业的资料（商业注册证、税务登记证、社会保险开户证和保险单据）。

（3）投资服务中心审查后，出具原则同意给予准许劳动许可的函，由申请单位送劳动部劳动力使用和劳动市场信息中心审查。

（4）审查合格后，出具初步同意前来埃及工作的函（许可），主送内政部护照、移民和国籍局，并抄送投资总局劳动办公室，表示同意前来工作。

（5）申请单位将劳动部的许可函送内政部护照、移民和国籍局，内政部收到许可函后，出具黄色收据。并在1周内加注通知驻华使馆的时间的签注。

（6）上述内政部护照、移民和国籍局的黄色收据和劳动部同意前来工作的函的复印件应送国内，由护照持有人持此件前往驻华使馆办理因工作前来埃及的签证（在埃及停留期限为2个月）。上述黄条和劳动部的批件由使馆验看但不得留馆，还要带回埃及。

（7）得到埃及驻华使馆签证后，持照人连同内政部的黄条和劳动部的批件一并带到埃及办理工作签证。

4. 工作签证。

外籍劳务办理赴埃及的工作签证，需经过以下程序：

（1）在接到劳动部的同意前来工作的函（许可）后2个月内，申请人一定要启程前往埃及，否则许可将作废。

（2）申请人进入埃及国境后，立即前往专门医院做艾滋病的检查。

（3）单位前往投资总局投资服务中心办理工作签证申请手续。

（4）投资服务中心出具同意办理工作签证的函，申请单位持投资服务中心的函以及上报的全部材料，前往投资总局外国人工作签证办公室（简称劳动办公室）办理手续。

（5）劳动办公室在审查文件齐全并符合要求后，按照外国人工作签证表发给企业收到文件收据。

（6）申请人单位前往投资总局签证办公室，凭表4获得为期6个月的临时居留签证。

（7）待提出安全审查意见后，劳动办公室正式发给工作签证。凭签证前往签证办公室办理为期1年的居留签证。

5. 签证续签。

在埃及，工作签证到期后可申请续签工作签证。续签要提前1个月办理。

（1）需递交的文件：①续签申请（外国人签证申请表）；②颁发给个人的工作签证原件；③安全部门同意续签的表格（由劳动办公室负责办理）；④作为外国人助手工作情况和替代外国人期限的报告；⑤工作签证手续费的邮局汇票。

（2）审查批准：劳动办公室在审查合格后，发给新的工作签证。申请人持新的工作签证前往签证办公室，办理新的1年的居留签证。

6. 办理工作许可需要提供的资料：

（1）外国人工作签证申请表。企业逐项填写，负责人签字，加盖企业公章。

（2）劳动部许可的复印件主送内政部和投资总局劳动办公室。

（3）经埃及驻中国使馆认证的申请人工作资历证明，工作经历不得少于3年。

（4）申请人护照原件和复印件，原件用以核对。

（5）收益人为劳动和移民部总秘书处主任的、金额为1204.1埃镑的邮件汇票。此费用为1年的工作签证的手续费。

（6）医院体检证明（证明没有艾滋病）。

（7）申请人没有申请过（或申请过）工作的确认书。

（8）企业文件（商业注册证、税务登记证等）。

（9）社险表和公司加盖公章的办理保险员工名册。

（10）安全审查表。

（三）务工人员在埃及工作的有关注意事项

2004年7月埃及劳动部颁布了外国人签证新规定。新规定比原来增加一个条款，主要条款的项目没有变化，但是项目内的要求增加、条件收紧。

1. 主要变更内容新规定主要变化有11个方面：

（1）在办理手续时，要求提供的文件中增加了提供外国人资历证明文件的要求。工作经历不得少于3年。例外为与埃及人不竞争原则。

（2）准许前来工作的许可增加了有效期的规定。规定许可60天内有效。

（3）允许在埃及从事多项工作。原来在办理签证时要递交以前没有办理过工作签证的确认。现在改为应确认是否办理过工作签证。可以办理过，也可以没有办理过。

（4）增加临时签证制度。在办理工作签证的第一年，当劳动部门收取办理工作签证的文件后，发给受理收据，凭借此收据可以办理临时居留签证直至完成安全审查，转发正式签证。

（5）变更了工作签证起始时间，过去是从提出申请计算签证日期，现在改为进入国境开始计算。

（6）增加了对等原则。在提出办理外国人工作签证的手续时，要考虑对等原则。

（7）续签的时间要求。要求提前1个月办理。期满14天签证作废，人员限期离境不得补办手续，这项是新规定（原规定是到期后，不得续签，可以重新办理）。

（8）可以更换工作签证。即可以更换工作岗位。凡是同一单位更换职业的，或同一单位更换工作场所的，要到劳动办公室备案。

（9）取消了自由区、石油系统和通信等高科技行业在办理劳动签证方面享受的优惠和特例：①3个系统不执行10%用工比例；②石油系统不办理准许劳动的许可；③可以不事先批准；④继续适用不竞争原则。

（10）第四年继续聘用的，要递交申请，说明埃及人不能顶替工作的原因，要报劳动力使用和信息中心主任审批。

（11）原有的2004年7月6日公布的357号决定全部作废不再执行。

2.对外国投资的影响。

埃及关于外籍劳工的新法规，从以下方面对外国投资的经营产生影响：

（1）作为工业项目，增加了项目管理和人员委派的难度。关键工作岗位都是与埃及人竞争的岗位，人员难以聘用，更无法延期，影响工作进度和质量保证。

（2）项目前期筹备工作难度加大，因为严格控制超过比例聘用外国人，初期进入受控制。

（3）增加了拒签的可能性，面临可能限期离境的风险。一旦出现，会直接影响项目运作。

（4）由于3年期限的原则，可能人员交换频繁，会遇到接替时间和工作交接的问题。

附录4　境外投资项目核准暂行管理办法

第一章　总　则

第一条　根据《中华人民共和国行政许可法》和《国务院关于投资体制改革的决定》，为规范对境外投资项目的核准管理，特制定本办法。

第二条　本办法适用于中华人民共和国境内各类法人（以下称"投资主体"），及其通过在境外控股的企业或机构，在境外进行的投资（含新建、购并、参股、增资、再投资）项目的核准。

投资主体在香港特别行政区、澳门特别行政区和台湾地区进行的投资项目的核准，适用本办法。

第三条　本办法所称境外投资项目指投资主体通过投入货币、有价证券、实物、知识产权或技术、股权、债权等资产和权益或提供担保，获得境外所有权、经营管理权及其他相关权益的活动。

第二章　核准机关及权限

第四条　国家对境外投资资源开发类和大额用汇项目实行核准管理。

资源开发类项目指在境外投资勘探开发原油、矿山等资源的项目。此类项目中方投资额3000万美元及以上的，由国家发展改革委核准，其中中方投资额2亿美元及以上的，由国家发展改革委审核后报国务院核准。

大额用汇类项目指在前款所列领域之外中方投资用汇额1000万美元及以上的境外投资项目，此类项目由国家发展改革委核准，其中中方投资用汇额5000万美元及以上的，由国家发展改革委审核后报国务院核准。

第五条　中方投资额3000万美元以下的资源开发类和中方投资用汇额1000万美元以下的其他项目，由各省、自治区、直辖市及计划单列市和新疆生产建设兵团等省级发展改革部门核准，项目核准权不得下放。为及时掌握核准项目信息，省级发展改革部门在核准之日起20个工作日内，将项目核准文件抄报国家发展改革委。

地方政府按照有关法规对上款所列项目的核准另有规定的，从其规定。

第六条 中央管理企业投资的中方投资额 3000 万美元以下的资源开发类境外投资项目和中方投资用汇额 1000 万美元以下的其他境外投资项目，由其自主决策并在决策后将相关文件报国家发展改革委备案。国家发展改革委在收到上述备案材料之日起 7 个工作日内出具备案证明。

第七条 前往台湾地区投资的项目和前往未建交国家投资的项目，不分限额，由国家发展改革委核准或经国家发展改革委审核后报国务院核准。

第三章 核准程序

第八条 按核准权限属于国家发展改革委或国务院核准的项目，由投资主体向注册所在地的省级发展改革部门提出项目申请报告，经省级发展改革部门审核后报国家发展改革委。计划单列企业集团和中央管理企业可直接向国家发展改革委提交项目申请报告。

第九条 国家发展改革委核准前往香港特别行政区、澳门特别行政区、台湾地区投资的项目，以及核准前往未建交国家、敏感地区投资的项目前，应征求有关部门的意见。有关部门在接到上述材料之日起 7 个工作日内，向国家发展改革委提出书面意见。

第十条 国家发展改革委在受理项目申请报告之日起 5 个工作日内，对需要进行评估论证的重点问题委托有资质的咨询机构进行评估。接受委托的咨询机构应在规定的时间内向国家发展改革委提出评估报告。

第十一条 国家发展改革委在受理项目申请报告之日起 20 个工作日内，完成对项目申请报告的核准，或向国务院提出审核意见。如 20 个工作日不能作出核准决定或提出审核意见，由国家发展改革委负责人批准延长 10 个工作日，并将延长期限的理由告知项目申请人。

前款规定的核准期限，不包括委托咨询机构进行评估的时间。

第十二条 国家发展改革委对核准的项目向项目申请人出具书面核准文件；对不予核准的项目，应以书面决定通知项目申请人，说明理由并告知项目申请人享有依法申请行政复议或者提起行政诉讼的权利。

第十三条 境外竞标或收购项目，应在投标或对外正式开展商务活动前，向国家发展改革委报送书面信息报告。国家发展改革委在收到书面信息报告之日起 7 个工作日内出具有关确认函件。信息报告的主要内容包括：

（一）投资主体基本情况；

（二）项目投资背景情况；

（三）投资地点、方向、预计投资规模和建设规模；

（四）工作时间计划表。

第十四条 投资主体如需投入必要的项目前期费用涉及用汇数额的（含履约保证金、保函等），应向国家发展改革委申请核准。经核准的该项前期费用计入项目投资总额。

第十五条 已经核准的项目如出现下列情况之一的，需向国家发展改革委申请变更：

（一）建设规模、主要建设内容及主要产品发生变化；

（二）建设地点发生变化；

（三）投资方或股权发生变化；

（四）中方投资超过原核准的中方投资额20%及以上。

变更核准的程序比照本章的相关规定执行。

第四章　项目申请报告

第十六条 报送国家发展改革委项目申请报告应包括以下内容：

（一）项目名称、投资方基本情况；

（二）项目背景情况及投资环境情况；

（三）项目建设规模、主要建设内容、产品、目标市场，以及项目效益、风险情况；

（四）项目总投资、各方出资额、出资方式、融资方案及用汇金额；

（五）购并或参股项目，应说明拟购并或参股公司的具体情况。

第十七条 报送国家发展改革委项目申请报告应附以下文件：

（一）公司董事会决议或相关的出资决议；

（二）证明中方及合作外方资产、经营和资信情况的文件；

（三）银行出具的融资意向书；

（四）以有价证券、实物、知识产权或技术、股权、债权等资产权益出资的，按资产权益的评估价值或公允价值核定出资额。应提交具备相应资质的会计师、资产评估机构等中介机构出具的资产评估报告，或其他可证明有关资产权益价值的第三方文件；

（五）投标、购并或合资合作项目，中外方签署的意向书或框架协议等文件；

（六）境外竞标或收购项目，应按本办法第十三条规定报送信息报告，并附国家发展改革委出具的有关确认函件。

第五章　核准条件及效力

第十八条　国家发展改革委核准项目的条件为：

（一）符合国家法律法规和产业政策，不危害国家主权、安全和公共利益，不违反国际法准则；

（二）符合经济和社会可持续发展要求，有利于开发国民经济发展所需战略性资源；符合国家关于产业结构调整的要求，促进国内具有比较优势的技术、产品、设备出口和劳务输出，吸收国外先进技术；

（三）符合国家资本项目管理和外债管理规定；

（四）投资主体具备相应的投资实力。

第十九条　投资主体凭国家发展改革委的核准文件，依法办理外汇、海关、出入境管理和税收等相关手续。本办法第六条规定的中央管理企业凭国家发展改革委出具的备案证明，办理上述有关手续。

第二十条　投资主体就境外投资项目签署任何具有最终法律约束力的相关文件前，须取得国家发展改革委出具的项目核准文件或备案证明。

第二十一条　国家发展改革委出具的核准文件应规定核准文件的有效期。在有效期内，核准文件是投资主体办理本办法第十九条所列相关手续的依据；有效期满后，投资主体办理上述相关手续时，应同时出示国家发展改革委出具的准予延续文件。

第二十二条　对未经有权机构核准或备案的境外投资项目，外汇管理、海关、税务等部门不得办理相关手续。

第二十三条　投资主体以提供虚假材料等不正当手段，取得项目核准文件或备案证明的，国家发展改革委可以撤销对该项目的核准文件或备案证明。

第二十四条　国家发展改革委可以对投资主体执行项目情况和省级发展改革部门核准境外投资项目情况进行监督检查，并对查实问题依法进行处理。

第六章 附 则

第二十五条 各省级发展改革部门依据本办法的规定，制定相应的核准管理办法。

第二十六条 自然人和其他组织在境外进行的投资项目的核准，参照本办法执行。

第二十七条 本办法由国家发展改革委负责解释。

第二十八条 本办法自 2004 年 10 月 9 日起施行。此前有关境外投资项目审批的规定，凡与本办法有抵触的，均按本办法执行。

附录 5　关于境外投资开办企业核准事项的规定

第一条　为促进境外投资发展，根据《中华人民共和国行政许可法》《国务院对确需保留的行政审批项目设定行政许可的决定》及有关规定，制定本规定。

第二条　国家支持和鼓励有比较优势的各种所有制企业赴境外投资开办企业。

第三条　境外投资开办企业，是指我国企业通过新设（独资、合资、合作等）、收购、兼并、参股、注资、股权置换等方式在境外设立企业或取得既有企业所有权或管理权等权益的行为。

第四条　商务部核准国内企业在境外投资开办企业（金融类企业除外）。商务部委托各省、自治区、直辖市及计划单列市人民政府商务行政主管部门（以下简称"省级商务主管部门"），核准中央企业之外的其他企业在附件所列国家投资开办企业。

商务部将根据情况对附件所列国别适时调整并公布。

第五条　对于国内企业在境外投资开办企业，商务部和省级商务主管部门从以下方面进行审查、核准：

（一）国别（地区）投资环境。

（二）国别（地区）安全状况。

（三）投资所在国（地区）与我国的政治经济关系。

（四）境外投资导向政策。

（五）国别（地区）合理布局。

（六）履行有关国际协定的义务。

（七）保障企业合法权益。

国内企业境外投资开办企业在经济、技术上是否可行，由企业自行负责。

第六条　国内企业境外投资涉及下列情形的，不予核准：

危害国家主权、安全和社会公共利益的；违反国家法律法规和政策的；可能导致中国政府违反所缔结的国际协定的；涉及我国禁止出口的技术和货物的；东道国政局动荡和存在重大安全问题的；与东道国或地区的法律法规或风俗相悖的；从事跨国犯罪活动的。

第七条　核准程序：

（一）中央企业径向商务部提出申请；其他企业向省级商务主管部门提出申请。

（二）商务部和省级商务主管部门收到申请材料后，对于申请材料不齐全或者不符合法定形式的，应当在 5 个工作日内 1 次告知申请人需要补正的全部内容，逾期不告知的，自收到申请材料之日起即为受理。对于申请材料齐全、符合法定形式，或者申请人按照要求补正申请材料的，应当予以受理。

（三）省级商务主管部门应征求我驻外使（领）馆经济商务参赞处（室）的意见。中央企业径向我驻外经济商务参赞处（室）征求意见。我驻外经济商务参赞处（室）自收到征求意见函之日起 5 个工作日内予以回复。

（四）省级商务主管部门按照委托核准的权限，自受理之日起 15 个工作日内做出是否予以核准的决定；需报商务部核准的，自受理之日起 5 个工作日内进行初审，同意后上报商务部。

（五）商务部自受理之日起 15 个工作日内做出是否予以核准的决定。

（六）商务部和省级商务主管部门对予以核准的，应出具书面核准决定；不予核准的，出具不予核准决定书。

第八条　申请材料：

（一）企业提交的申请材料包括：

1. 申请书（主要内容包括开办企业的名称、注册资本、投资金额、经营范围、经营期限、组织形式、股权结构等）；

2. 境外企业章程及相关协议或合同；

3. 外汇主管部门出具的境外投资外汇资金来源审查意见（需购汇或从境内汇出外汇的）；我驻外经济商务参赞处（室）的意见（仅对中央企业）；

4. 国内企业营业执照以及法律法规要求具备的相关资格或资质证明；

5. 法律法规及国务院决定要求的其他文件。

（二）省级商务主管部门向商务部提交的材料包括：

1. 本部门初步审查意见；

2. 我驻外经济商务参赞处（室）意见；

3. 企业提交的全部申请材料。

第九条　中央企业的申请获得核准后，由商务部颁发《中华人民共和国境外投资批准证书》（以下简称《批准证书》）。其他企业，由省级商务主管部门代发《批准证书》。

国内企业凭《批准证书》办理外汇、银行、海关、外事等相关事宜。

第十条　获得批准的国内企业，应按国家有关规定报送统计资料、参加境外投资联合年检和境外投资综合绩效评价；经批准开办的境外企业，在当地注册后，应将注册文件报商务部备案，并向我驻外经济商务参赞处（室）报到登记。

第十一条 本规定第八条第（一）款申请书中所列事项发生变更，须报原核准机关核准。

第十二条 外商投资企业境外投资开办企业须遵守有关法律法规。外商投资企业赴境外投资开办企业须经省级以上商务主管部门核准，其中经商务部批准的外商投资企业赴境外投资开办企业由商务部核准，其他外商投资企业赴境外投资开办企业由省级商务主管部门核准。有关具体要求，商务部另文下发。

第十三条 商务部运用电子政务手段实行网上申报和批准证书发放的有关办法，将另行制定下发。

第十四条 省级商务主管部门不得向下级地方商务主管部门委托境外投资开办企业的核准事宜及增加核准环节、申报材料和核准内容。

第十五条 内地企业赴香港、澳门特别行政区投资开办企业，按有关规定办理核准。

第十六条 此前管理办法与本规定不符的，以本规定为准。

第十七条 本规定由商务部负责解释。

第十八条 本规定自发布之日起施行。

附件：商务部委托地方省级商务主管部门核准境外投资开办企业的国家名单（略）